7 Weeks Challenge

·기초영어법·

7 Weeks Challenge

· 기초영어법 ·

초판 1쇄 발행 2023년 12월 4일

지은이 이시원, 시원스쿨어학연구소
펴낸곳 (주)에스제이더블유인터내셔널
펴낸이 양홍걸 이시원

홈페이지 www.siwonschool.com
주소 서울시 영등포구 국회대로74길 12 시원스쿨
교재 구입 문의 02)2014-8151
고객센터 02)6409-0878

ISBN 979-11-6150-782-8 13740
Number 1-010505-18189900-09

7 Weeks Challenge 기초영어법

이시원 · 시원스쿨어학연구소 지음

S 시원스쿨닷컴

**남은 인생 중에 가장 젊은 오늘,
오늘 시작해도 절대 늦지 않는, 그 영어의 시작
<시원스쿨 기초영어법>이 함께 하겠습니다.**

영어를 잘하면 세상이 달라질까요? 네, 달라집니다.

지금 당장은 영어를 잘하지 못하지만, 영어를 잘하기 위해 노력한 사람은 미래를 준비하며 자신의 발전에 더욱 신경을 쓰기 때문입니다.

현재가 아닌, 미래를 보고 현재의 괴로움 보다는 미래의 자유로움을 선택한 사람들이기 때문입니다.

이 책을 펼친 여러분 모두 그런 사람들입니다.

학창시절 12년,

2,000시간을 넘게 공부하고도 영어가 안 되는 이유 3가지가 있습니다.

1. 매일 쓰는 단어를 모릅니다.

코끼리, 소, 동물원, 사자, 동물, 소년, 소녀 등은 다 알지만 "놓고 와, 집어넣어, 다 했어, 두고 가"등의 단어는 영어로 할 수 있나요?

평상시에 잘 쓰지 않는 단어는 많이 알지만, 일상에서 우리가 매일 사용하는 단어는 생각나지 않고 모르는 것이 우리의 현실입니다. 왜 그럴까요? 우리에게 필요한 단어들을 외우지 않고 익숙하게 만들지 않아서 입니다.

우리가 항상 쓰는 단어들을 나와 한 몸처럼 익숙해지게 외우는 것이 중요합니다.

2. 영어의 골조를 제대로 모릅니다.

모두 다 아는 단어로만 문장을 만들어도, 패턴을 외워봐도 영작이 안 되는 이유, 말하기가 안 되는 이유는 영어의 골조, 즉 단어 연결의 원리를 몰라서 그렇습니다.

3. 기초를 대충하고 넘어갔다.

기본적인 문장을 만들 줄 아는 사람도 입에 붙이는 훈련을 하지 않으면 급할 때는 엉터리 영어를 하게 됩니다. 고급 수준의 영어를 배우기 전에 기본기가 탄탄해야 영어의 자신감의 원천이 되는 것입니다.

분명히 할 수 있습니다.
<시원스쿨 기초영어법>으로 시작한다면
분명 가능합니다.

이시원 드림

Challenge

7주에 걸친 7번의 challenge.
주어진 우리말 문장을 5초 안에 영어로 말해 보는
Challenge를 통해 현재 나의 영어 회화 실력을 확인해 보세요.
부족한 부분은 채우고 실력은 Upgrade!
7주간의 영어 학습의 효율성을 극대화해 볼 수 있도록 합니다.

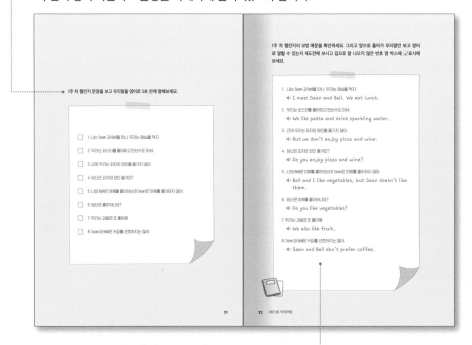

Model examples

주차 별 모범 예문을 확인 후, 다시 돌아가 우리말만 보고 영어로 다시 말할
수 있는지 확인해 보세요.

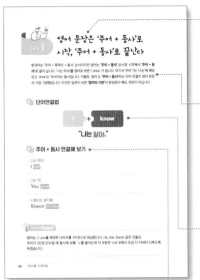

Unit 주제 소개

Unit 별 주제의 특징을 한 문장으로 정리하였습니다.

핵심 내용 설명

Unit 별 해당 주제의 내용을 마치 한편의 강의를 옮겨온 듯한 생생한 설명이 특징이며 영어 학습자들이 헷갈릴 수 있는 포인트를 정확히 짚어드립니다.

단어연결법

시원스쿨 기초영어법의 핵심 포인트인 '단어연결법'을 한 번에 이해하실 수 있도록 준비하였습니다.

단어연결 예문

단어연결법의 예문을 통해 문장 응용력을 익힐 수 있습니다. 한국어와 영어를 번갈아 입으로 해보며 그 구조에 익숙해질 수 있어요.

단어연결법 적용문장 살펴보기

앞에서 학습한 단어연결법과 단어들을 이용한 문자들을 훈련해 보세요. QR 코드를 활용해서 원어민의 발음을 들어볼 수 있어요.

단어연결법 적용문장 영작하기

앞서 훈련한 문장들을 우리말만 보고 영어로 말해보고 또 반대로 영어로 보고 우리말로 해석할 수 있는지 확인해보세요. 한 번에 되지 않아도 괜찮아요. 익숙해질 때가지 원어민 음성을 들으며 반복 연습하면 됩니다.

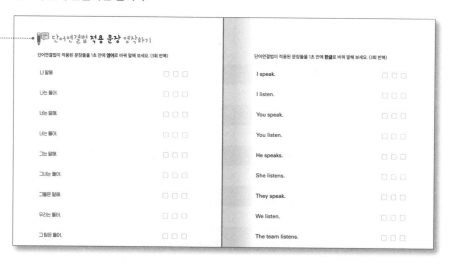

단어연결법 확장 문장 연습하기

'저세상 맛이야.' 또는 '아이스크림 너무 당기는데?'와 같은 일상에서 우리가 자주 쓰는 표현들, 영어로 어떻게 말해야할 지 궁금하지 않으셨나요?

그런 간지러운 부분을 '단어연결법 확장 문장 연습하기'가 시원하게 긁어드릴 수 있도록 준비했습니다.

'어? 미드에서 들어 본 표현인데?' 생각 분명 드실 수 있을 겁니다. 비즈니스 상황에서도 바로 적용할 수 있는 표현 또한 놓칠 수 없도록 준비했습니다.

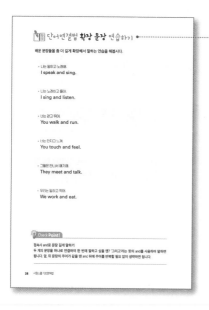

Small Talk ❶&❷

실제 대화문 중심으로 실생활에서 바로 사용할 수 있는 대화문
으로 구성하였습니다. 자연스럽게 말할 수 있을 때까지 반복 연습
합니다.

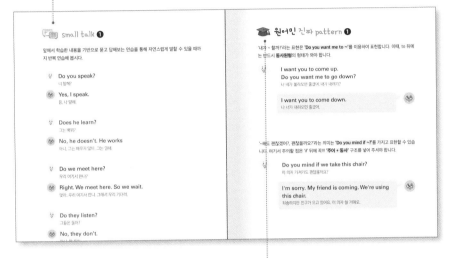

원어민 진짜 pattern

한마디를 해도 진짜 원어민다운 영어표현을 위해 선별한 데일리 영어 패턴을 준비
하였습니다. 지금의 나의 실력을 한 단계 업그레이드하기 위한 또 하나의 꿀팁입니다.

부록 및 부가 서비스

부가자료

기초 문법 지식, 어휘, 동사 자료를 준비하였습니다. 그 어느책에서도 '왕왕기초' 지식
을 정리해주지 않아서 답답하셨던 분들을 위해 준비하였습니다.

핸디북

한 손에 쏙 들어오는 휴대용 미니북입니다. 본 책 학습 후 Unit별 문장 표현을 복습하
고, 언제 어디서든 함께하며 연습할 수 있도록 준비하였습니다.

Grammar Basics

영어 문장은 이렇게 구성되어 있어요.

주어

문장 안에서 어떤 동작이나 상태의 주체가 되는 말을 의미합니다. 쉽게 말해 문장의 주인공 역할이라 생각하시면 됩니다. 보통 주어는 '~은/는/이/가'로 해석을 할 수 있습니다. 보통 주어 자리에는 명사, 대명사가 쓰이지만, 동명사나 to부정사구처럼 긴 주어가 쓰이기도 합니다.

They drink and eat.
Cooking dinner could be easy if you use pre-made sauce.

동사

사람이나 사물이 어떤 상태인지 또는 행동하는지 나타내는 말입니다. 쉽게 말해, 문장의 주인공인 주어가 어떤 상태이거나 어떤 행동을 하는지 보여주고 있다고 생각하시면 됩니다. 동사는 보통 '~하다, 이다'처럼 '다'로 끝나는 말입니다.

The team **listens**.
I **don't get** it.

목적어

동사 뒤에 오는 말로, 동사 동작의 목적이거나 대상을 나타내는 말입니다. 보통 '~을/를/에게'로 해석이 됩니다.

She drinks **a cup of beer**.
I read **books** every day.

보어

보어는 주어나 목적어의 성질이나 상태를 보충설명해주는 역할입니다. 보통 보어는 명사 또는 형용사가 사용됩니다.

The cat is **my pet.**
It is **super expensive.**

수식어

문장의 다른 요소들을 꾸며주어 문장 내용을 풍부하게 만들어 주는 감초 역할을 하는 구성 요소입니다. 형용사처럼 사용되어 명사를 꾸며 주기도 하고, 부사로 쓰여 동사, 형용사, 다른 부사, 때로는 문장 전체를 꾸며 주기도 합니다.

He **always** displays a confident attitude.
It gives us **many** warnings.

인칭대명사 및 지시대명사

주격 (~(은)는, ~(이)가)	소유격 (~의)	목적격 (~를)	소유 대명사 (~의 것)
I	my	me	mine
you	your	you	yours
he	his	him	his
she	her	her	hers
they	their	them	theirs
we	our	us	ours
it	its	it	x

Month

1월	January	2월	February	3월	March
4월	April	5월	May	6월	June
7월	July	8월	August	9월	September
10월	October	11월	November	12월	December

Date

1st	first	11th	eleventh	21st	Twenty first
2nd	second	12th	Twe—lfth	22nd	twenty second
3rd	third	13th	thirteenth	23rd	Twenty third
4th	fourth	14th	fourteenth	24th	twenty fourth
5th	fifth	15th	fifteenth	25th	twenty fifth
6th	sixth	16th	sixteenth	26th	twenty sixth
7th	seventh	17th	seventeenth	27th	twenty seventh
8th	eighth	18th	eighteenth	28th	twenty eighth
9th	ninth	19th	nineteenth	29th	twenty ninth
10th	tenth	20th	twentieth	30th	thirtieth
				31st	thirty-first

Day

주말		평일				
weekend		weekday				
토요일	일요일	월요일	화요일	수요일	목요일	금요일
Saturday	Sunday	Monday	Tuesday	Wednesday	Thursday	Friday

필수 단어 100

1	go	가다		51	reserve	예약하다
2	come	오다		52	attend	참석하다
3	take	가져가다, 타다		53	visit	방문하다
4	run	뛰다		54	call	부르다, 전화하다
5	drink	마시다		55	ask	묻다, 부탁하다
6	eat	먹다		56	understand	이해하다
7	have	가지다, 먹다		57	know	알다
8	think	생각하다		58	stay	머무르다
9	make	만들다		59	travel	여행하다
10	order	주문하다		60	help	돕다
11	get	얻다, 받다		61	refund	환불하다
12	bring	가져오다		62	decide	결정하다
13	listen to	~을 듣다		63	fix	고치다
14	work	일하다		64	keep	유지하다
15	wait	기다리다		65	hold	들고 있다, 개최하다
16	do	하다		66	like	좋아하다
17	see	보다		67	leave	떠나다, 두고 가다
18	watch	보다		68	stop	멈추다
19	meet	만나다		69	continue	계속 하다
20	park	주차하다		70	lose	잃어버리다
21	teach	가르치다		71	borrow	빌리다
22	study	공부하다		72	believe	믿다
23	learn	배우다		73	offer	제공하다
24	speak	말하다		74	cook	요리하다
25	want	원하다		75	cancel	취소하다

26	buy	사다	76	arrive	도착하다
27	sell	팔다	77	receive	받다
28	read	읽다	78	plan	계획하다
29	find	찾다	79	prepare	준비하다
30	write	쓰다	80	special	특별한
31	try	시도하다	81	possible	가능한
32	feel	느끼다	82	fun	재미있는
33	cut	자르다	83	fast	빠른
34	choose	선택하다	84	clean	깨끗한
35	start	시작하다	85	dirty	더러운
36	give	주다	86	expensive	비싼
37	drive	운전하다	87	cheap	싼
38	forget	잊다	88	hungry	배고픈
39	use	사용하다	89	pretty	예쁜
40	finish	끝내다	90	nice	멋진, 좋은
41	say	말하다	91	easy	쉬운
42	pay	지불하다	92	handsome	잘생긴
43	put	놓다	93	good	좋은
44	sleep	자다	94	busy	바쁜
45	send	보내다	95	happy	행복한
46	spend	소비하다, (시간을) 보내다	96	tall	높은, 키가 큰
47	stand	서다	97	short	짧은, 키가 작은
48	sit	앉다	98	boring	지루한
49	wear	입다	99	important	중요한
50	need	필요하다	100	hard	어려운

필수 기본 동사 100

1	Set	설정하다, 놓다	51	Rise	올라가다
2	Hold	잡다, 개최하다	52	Catch	잡다
3	Become	되다	53	Bring	가져오다
4	Smell	냄새를 맡다	54	Spread	펼치다
5	Bear	견디다	55	Lend	빌려주다
6	Break	부서지다	56	Grow	자라다
7	Cost	가격을 치르다	57	Begin	시작하다
8	Mean	의미하다	58	Throw	던지다
9	Stay	머물다	59	Buy	사다
10	Dream	꿈꾸다	60	Enjoy	즐기다
11	Run	달리다	61	Sit	앉다
12	Blow	불다	62	Be	~이다
13	Feed	먹이를 주다	63	Play	놀다
14	Drive	운전하다	64	Find	찾다
15	Put	놓다/넣다	65	go	가다
16	Understand	이해하다	66	Give	주다
17	Come	오다	67	Plan	계획을 세우다
18	Choose	선택하다	68	Eat	먹다
19	Drink	마시다	69	Ride	타다
20	Draw	그리다	70	Know	알다
21	Read	읽다	71	Spend	쓰다
22	Shop	쇼핑하다	72	Close	닫다
23	Fight	싸우다	73	Speak	말하다
24	Stand	서다	74	Get	받다
25	Wear	입다	75	Teach	가르치다

26	Bite	(이빨로)물다	76	See	보다
27	Sing	노래 부르다	77	Lead	이끌다
28	let	~에게 ~하게 하다	78	Study	공부하다
29	Win	이기다	79	Make	만들다
30	Hit	치다	80	Have	가지고 있다
31	Tell	말하다	81	Fall	떨어지다
32	Write	쓰다	82	Say	말하다
33	Sell	팔다	83	lose	잃어버리다
34	Slide	미끄러지다	84	Leave	떠나다
35	Take	가져가다	85	Sleep	자다
36	Wake	일어나다	86	Do	하다
37	Fly	날다	87	Meet	만나다
38	Carry	나르다	88	Think	생각하다
39	Try	시도하다	89	Lay	놓다/깔다
40	Swim	헤엄치다	90	Pay	지불하다
41	Feel	느끼다	91	Offer	제공하다
42	Show	보여주다	92	Steal	훔치다
43	Burn	불타오르다	93	Allow	허락하다
44	Keep	유지하다	94	Bury	묻다
45	Forget	잊다	95	Rub	문지르다
46	Ring	전화하다	96	Vote	투표하다
47	Send	보내다	97	Sow	(씨를) 뿌리다
48	Hear	들리다	98	Bow	절하다
49	Build	건설하다	99	Bend	숙이다, 굽히다
50	Hurt	다치게 하다	100	celebrate	축하하다, 기념하다

1

Week
Challenge

1주 차 챌린지 문장을 보고 우리말을 영어로 5초 안에 말해보세요.

- [ ] 1. 나는 Sean 과 Bell을 만나. 우리는 점심을 먹지.

- [ ] 2. 우리는 파스타를 좋아하고 탄산수도 마셔.

- [ ] 3. 근데 우리는 피자와 와인을 즐기지 않아.

- [ ] 4. 당신은 피자와 와인 즐겨요?

- [ ] 5. 나와 Bell은 야채를 좋아하는데 Sean은 야채를 좋아하지 않아.

- [ ] 6. 당신은 좋아하나요?

- [ ] 7. 우리는 과일은 또 좋아해.

- [ ] 8. Sean과 Bell은 커피를 선호하지는 않아.

1주 차 챌린지의 모범 예문을 확인하세요. 그리고 앞으로 돌아가 우리말만 보고 영어로 말할 수 있는지 재도전해 보시고 입으로 잘 나오지 않은 번호 옆 박스에 ☑표시해 보세요.

1. 나는 Sean 과 Bell을 만나. 우리는 점심을 먹지.
   🔊 I meet Sean and Bell. We eat lunch.

2. 우리는 파스타를 좋아하고 탄산수도 마셔.
   🔊 We like pasta and drink sparkling water.

3. 근데 우리는 피자와 와인을 즐기지 않아.
   🔊 But we don't enjoy pizza and wine.

4. 당신은 피자와 와인 즐겨요?
   🔊 Do you enjoy pizza and wine?

5. 나와 Bell은 야채를 좋아하는데 Sean은 야채를 좋아하지 않아.
   🔊 Bell and I like vegetables, but Sean doesn't like them.

6. 당신은 야채를 좋아하나요?
   🔊 Do you like vegetables?

7. 우리는 과일은 또 좋아해.
   🔊 We also like fruit.

8. Sean과 Bell은 커피를 선호하지는 않아.
   🔊 Sean and Bell don't prefer coffee.

sparkling water	탄산수	lose weight	살을 빼다
prefer	선호하다	accept	받아들이다
play golf	골프하다	unbelievable	믿을 수 없는
bring	데려가다	amazing	놀라운
unfortunately	안타깝게도, 불행하게도	investment	투자
check out	확인하다	get angry at	~에게 화를 내다
bake	굽다	get in line	줄 서다
blanket	담요	recommend	추천하다
serve	제공하다	recommendation	추천
own	소유하다	support	지지하다

Unit 1

영어 문장은 '주어 + 동사'로 시작, '주어 + 동사'로 끝난다

한국어는 '주어 + 목적어 + 동사' 순서이지만 영어는 **'주어 + 동사'** 순서로 시작해서 **'주어 + 동 사'**로 끝이 납니다. '나는 마셔'를 영어로 하면 'I drink.'가 됩니다. 여기서 주어 'I'는 '나는'에 해당 되고 'drink'는 '마셔'라는 동사입니다. 이렇듯, 영어 는 **'주어 + 동사'**라는 단어 연결이 영어 문장 의 가장 기본형입니다. 이것만 습관이 되면 **'영어의 기본'**이 완성된다 해도 과언이 아닙니다.

🧩 단어연결법

"나는 알아."

🧩 주어 + 동사 연결해 보기

• 나는 먹어.
  I eat.

• 너는 줘.
  You give.

• 시원이는 생각해.
  Siwon thinks.

💡 Check Point!

영어는 I / you를 제외한 나머지를 3인칭으로 취급합니다. He, she, Siwon 같은 것을요.
주어가 3인칭 단수일 때 동사에 보통 '-s'를 붙이는데 이 부분은 Unit 8에서 조금 더 자세히 다루도록
하겠습니다.

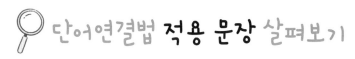 단어연결법 **적용 문장** 살펴보기

단어연결법을 적용한 문장들을 큰소리로 연습해 보세요.

- 나 말해.
  I speak.

- 나는 들어.
  I listen.

- 너는 말해.
  You speak.

- 너는 들어.
  You listen.

- 그는 말해.
  He speaks.

- 그녀는 들어.
  She listens.

- 그들은 말해.
  They listen.

- 우리는 들어.
  We listen.

- 그 팀은 들어.
  The team listens.

- Andy는 춤춰.
  Andy dances.

단어연결법 적용 문장 영작하기

단어연결법이 적용된 문장들을 1초 만에 **영어**로 바꿔 말해 보세요. (3회 반복)

나 말해   ☐ ☐ ☐

나는 들어.   ☐ ☐ ☐

너는 말해.   ☐ ☐ ☐

너는 들어.   ☐ ☐ ☐

그는 말해.   ☐ ☐ ☐

그녀는 들어.   ☐ ☐ ☐

그들은 말해.   ☐ ☐ ☐

우리는 들어.   ☐ ☐ ☐

그 팀은 들어.   ☐ ☐ ☐

Andy는 춤 춰.   ☐ ☐ ☐

단어연결법이 적용된 문장들을 1초 만에 **한글**로 바꿔 말해 보세요. (3회 반복)

I speak.   ☐ ☐ ☐

I listen.   ☐ ☐ ☐

You speak.   ☐ ☐ ☐

You listen.   ☐ ☐ ☐

He speaks.   ☐ ☐ ☐

She listens.   ☐ ☐ ☐

They speak.   ☐ ☐ ☐

We listen.   ☐ ☐ ☐

The team listens.   ☐ ☐ ☐

Andy dances.   ☐ ☐ ☐

단어연결법 확장 문장 연습하기

배운 문장들을 좀 더 길게 확장해서 말하는 연습을 해봅시다.

- 나는 말하고 노래해.
  I speak and sing.

- 나는 노래하고 들어.
  I sing and listen.

- 너는 걷고 뛰어.
  You walk and run.

- 너는 만지고 느껴.
  You touch and feel.

- 그들은 만나서 얘기해.
  They meet and talk.

- 우리는 일하고 먹어.
  We work and eat.

Check Point!

접속사 and로 문장 길게 말하기
두 개의 문장을 하나로 연결하여 한 번에 말하고 싶을 땐? '그리고'라는 뜻의 and를 사용하여 말하면 됩니다. 앞, 뒤 문장의 주어가 같을 땐 and 뒤에 주어를 반복할 필요 없이 생략하면 됩니다.

- 그녀는 보고 느껴.
  * see 보다 / feel 느끼다

  She sees and feels.

- 그녀는 생각하고 바꿔.

  She thinks and changes.

- 그는 배우고 일해.

  He learns and works.

- 그는 가서 봐.

  He goes and sees.

- 그들은 마시고 먹어.

  They drink and eat.

- 시원이는 사고 팔아.

  Siwon buys and sells.

💬 small talk ❶

앞에서 학습한 내용을 기반으로 묻고 답해보는 연습을 통해 자연스럽게 말할 수 있을 때까지 반복 연습해 봅시다.

Do you speak?
너 말해?

Yes, I speak.
응, 나 말해.

Does he learn?
그는 배워?

No, he doesn't. He works
아니, 그는 배우지 않아. 그는 일해.

Do we meet here?
우리 여기서 만나?

Right. We meet here. So we wait.
맞아. 우리 여기서 만나. 그래서 우리 기다려.

Do they listen?
그들은 들어?

No, they don't.
아니, 안 들어.

💡 Check Point!

누군가에게 물어보고 대답을 할 때 동사의 모양에 따라 be동사, do 동사를 사용해 문장을 완성합니다. do 동사를 사용하여 질문을 할 경우, do동사를 이용해 대답도 합니다. 긍정이면 'Yes, 주어 + do/does.' 부정이면 'No, 주어 + don't/doesn't'로 시작합니다.
자세한 내용은 Unit 4에서 만나게 되니, 조금만 기다려 주세요.

small talk ❷

조금 더 실생활 대화를 살펴볼까요? 보면서 자연스럽게 말할 수 있을 때까지 반복 연습해
봅시다.

Do you play golf?
너 골프해?

No. I play tennis. Do you play golf?
아니. 난 테니스해. 너 골프해?

Yes, I just play golf.
응, 난 골프하지.

Do you study?
너 공부해?

Yes, I study.
응, 나 공부해.

I sleep.
난 그냥 잘래.

Unit 2 목적을 말하다

'그녀를 안다'라는 말을 영어로 만들 때 우리는 'She know'라고 말하기 쉽습니다. 하지만 'She know'는 '그녀는 안다'라는 뜻입니다. '그녀를 안다'는 'know her'라고 해야 합니다. 따라서 '나는 그녀를 안다'라는 말은 'I know her.'라고 말할 수 있습니다. 여기서 우리가 **'그녀를'**에 해당하는 **'her'**를 **목적어**라고 부릅니다.

🧩 단어연결법

"나는 그녀를 알아."

🧩 주어 + 동사 + 목적어 연결해 보기

- 너는 물을 마셔.
  You drink water.

- 그녀는 이걸 사랑해.
  She loves this.

- 그들은 쿠키를 만들어.
  They make cookies.

💡 Check Point!

영어의 명사형은 '단수', '복수' 이렇게 구분합니다. '단수'는 말 그대로 '하나'를 의미하고 '복수'는 '두 개 이상'을 나타냅니다. 명사의 복수는 명사 뒤에 (e)s를 붙여 표현합니다. 예를 들어 '쿠키 하나' 하면 'a cookie', 여러 개 쿠키는 'cookies'로 표현합니다.

🔍 단어연결법 적용 문장 살펴보기

단어연결법을 적용한 문장들을 큰소리로 연습해 보세요.

- 나는 책을 쓴다.
  I write a book.

- 나는 자동차를 산다.
  I buy a car.

- 너는 책을 쓴다.
  You write a book.

- 너는 자동차를 산다.
  You buy a car.

- 그는 책을 쓴다.
  He writes a book.

- 그녀는 자동차를 산다.
  She buys a car.

- 그들은 책을 쓴다.
  They write a book.

- 우리는 자동차를 산다.
  We buy a car.

- Lily는 James를 좋아한다.
  Lily likes James.

- 그 아이들은 책을 가지고 있다.
  Those children have books.

🖊️💬 단어연결법 적용 문장 영작하기

단어연결법이 적용된 문장들을 1초 만에 **영어**로 바꿔 말해 보세요. (3회 반복)

나는 책을 쓴다. ☐ ☐ ☐

나는 자동차를 산다. ☐ ☐ ☐

너는 책을 쓴다. ☐ ☐ ☐

너는 자동차를 산다. ☐ ☐ ☐

그는 책을 쓴다. ☐ ☐ ☐

그녀는 자동차를 산다. ☐ ☐ ☐

그들은 책을 쓴다. ☐ ☐ ☐

우리는 자동차를 산다. ☐ ☐ ☐

Lily는 James를 좋아한다. ☐ ☐ ☐

그 아이들은 책을 가지고 있다. ☐ ☐ ☐

단어연결법이 적용된 문장들을 1초 만에 **한글**로 바꿔 말해 보세요. (3회 반복)

I write a book. □ □ □

I buy a car. □ □ □

You write a book. □ □ □

You buy a car. □ □ □

He writes a book. □ □ □

She buys a car. □ □ □

They write a book. □ □ □

We buy a car. □ □ □

Lily loves James. □ □ □

Those children have books. □ □ □

단어연결법 확장 문장 연습하기

배운 문장들을 좀 더 길게 확장해서 말하는 연습을 해봅시다.

- 나 오늘 내 차 가지고 온다.
  I bring my car today.

- 그는 1주일에 한 번 골프를 한다.
  He plays golf once a week.

- 우리는 꽃을 아주 많이 좋아한다.
  We like flowers very much.

- 안타깝게도, 그들은 돈을 필요로 한다.
  * unfortunately 안타깝게도
  Unfortunately, they need money.

- 그들은 공원에서 그녀를 만나.
  They meet her at the park.

- 나는 모든 이메일을 확인한다.
  * check out 확인하다
  I check out all the emails.

 Check Point!

조금 더 풍부한 느낌을 주기 위해서 '시간, 장소, 방법, 횟수' 등을 함께 사용하면 조금 더 구체적이고 다채로운 의미의 문장을 만들 수 있어요.

그는 매일 아침 빵을 굽는다.

bake 굽다

He bakes bread every morning.

나 완전히 그거 이해해.

I totally understand it.

그녀는 맥주 한 잔 마셔.

She drinks a cup of beer.

너의 손을 위로 올려.

Put your hands up.

그는 우리에게 담요를 갖다준다.

blanket 담요

He gets us some blankets.

그는 주로 점심으로 샌드위치를 먹어.

usually 주로 / for lunch 점심으로

He usually eats sandwich for lunch.

 Check Point!

'나의, 너의, 그녀의' 등 소유를 나타낼 때는 'my, your, her' 등을 명사 앞에 붙여 표시해 줍니다. 예를 들어, '나의 가방'이라는 말은 'my bag'이라 하고, '너의 강아지'는 'your dog'이라 표현합니다. 영어는 누구의 것인지, 그 소유를 밝히는 특징이 있습니다.

 small talk ❶

앞에서 학습한 내용을 기반으로 묻고 답해보는 연습을 통해 자연스럽게 말할 수 있을 때까지 반복 연습해 봅시다.

Do they need money?
걔네 돈 필요해?

Yes. Unfortunately, they need money.
응. 안타깝게도 걔네 돈 필요해.

He bakes bread every morning.
그는 매일 아침 빵을 굽는다.

What kind of bread does he usually make?
주로 어떤 종류의 빵을 구워?

Do you check out the emails?
너 이메일 확인해?

Of course. I check out all the emails every morning.
당연하지. 나 매일 아침 모든 이메일 확인해.

Does she drink beer?
그녀는 맥주 마셔?

Never. She drinks water.
절대 안 먹어. 그녀는 물 마셔.

Check Point!

'당신은 무엇을 좋아하세요?'라고 묻고 싶을 때, 우리는 'what'이라는 표현을 이용해서 만듭니다. 그래서 '너 좋아해?'라는 문장, 'Do you like?' 앞에 'what'을 붙여, 'What do you like?'라고 말하면 '무엇을 좋아하세요?, 무엇을 좋아해?'라는 표현이 만들어집니다. 'what'을 이용한 의문문도 Unit 4에서 조금 더 자세히 만날 수 있습니다.

small talk ❷

조금 더 실생활 대화를 살펴볼까요? 보면서 자연스럽게 말할 수 있을 때까지 반복 연습해 봅시다.

What do you like?
너 뭐 좋아해?

I like flowers. How about you?
나 꽃 좋아해. 넌?

I like cars.
나 차 좋아해.

Where do you meet her?
너 어디서 그녀 만나?

I meet her at the park.
공원에서 그녀 만나.

You take a bus?
너 버스 타?

Check Point!

평서문 말끝을 올리면 '의문문'을 자연스럽게 표현할 수 있어요.

Unit 3 "아니요!"를 말하고 싶다

'나는 마셔'는 'I drink.'입니다. 그럼 '나 안 마셔'는 어떻게 해야 할까요? 바로 동사 'drink' 앞에 **'do not'**만 붙여 주면 완성됩니다. 이렇게요. **'I do not drink.'** 'do not'이라는 이 마법 같은 표현 하나로 우리는 **'아니요!'**를 말할 수 있게 됩니다. 주어가 3인칭 단수인 경우, 'do not'을 **'does not'**으로만 바꿔주면 문제될 것이 전혀 없습니다.

🧩 단어연결법

"나는 그녀를 몰라."

🧩 주어 + do not / does not + 동사 + 목적어 연결해 보기

- 그녀는 그를 좋아하지 않아.
  She does not love him.

- 우리는 영화를 좋아하지 않아요.
  We don't like movies.

- 그녀는 쿠키 만들지 않아요.
  She doesn't make cookies.

💡 Check Point!

'do not' 또는 'does not'은 줄여서 각각 'don't'와 'doesn't'로 표현할 수 있습니다. 'I do not know her.'는 'I don't know her.'로 줄여서 말할 수 있고 'She does not love him.'은 'She doesn't love him.'으로 줄여서 말할 수 있습니다.

🔍 단어연결법 적용 문장 살펴보기

단어연결법을 적용한 문장들을 큰소리로 연습해 보세요.

- 나 시간이 없어.
  I don't have time.

- 나 너 안 봤어.
  I don't see you.

- 시간이 없구나.
  You don't have time.

- 너 나 안 봤다.
  You don't see me.

- 그는 시간이 없어.
  He doesn't have time.

- 그녀는 나를 보지 않아.
  She doesn't see me.

- 그들은 시간이 없어.
  They don't have time.

- 우리는 우리를 보지 않아.
  We don't see us.

- Sara는 그 사실을 알지 못한다.
  Sara doesn't know the facts.

- 그 식당은 아침을 제공하지 않아.
  The restaurant doesn't serve breakfast.

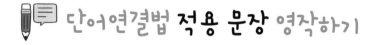 단어연결법 적용 문장 영작하기

단어연결법이 적용된 문장들을 1초 만에 **영어**로 바꿔 말해 보세요. (3회 반복)

나 시간이 없어. ☐ ☐ ☐

나 너 안 봤어. ☐ ☐ ☐

시간이 없구나. ☐ ☐ ☐

너 나 안 봤다. ☐ ☐ ☐

그는 시간이 없어. ☐ ☐ ☐

그녀는 나를 보지 않아. ☐ ☐ ☐

그들은 시간이 없어. ☐ ☐ ☐

우리는 우리를 보지 않아. ☐ ☐ ☐

Sara는 그 사실을 알지 못한다. ☐ ☐ ☐

그 식당은 아침을 제공하지 않아. ☐ ☐ ☐

단어연결법이 적용된 문장들을 1초 만에 **한글**로 바꿔 말해 보세요. (3회 반복)

I don't have time. ☐ ☐ ☐

I don't see you. ☐ ☐ ☐

You don't have time. ☐ ☐ ☐

You don't see me. ☐ ☐ ☐

He doesn't have time. ☐ ☐ ☐

She doesn't see me. ☐ ☐ ☐

They don't have time. ☐ ☐ ☐

We don't see us. ☐ ☐ ☐

Sara doesn't know the facts. ☐ ☐ ☐

The restaurant doesn't serve breakfast. ☐ ☐ ☐

단어연결법 확장 문장 연습하기

배운 문장들을 좀 더 길게 확장해서 말하는 연습을 해봅시다.

- 우리는 시간이 있지만, 그녀가 시간이 없다.
  We have time, but she doesn't have time.

- 그녀는 집을 가지고 있지만, 나는 집을 가지고 있지 않아.
  * own 소유하다
  She owns her house, but I don't own my house.

- 나는 그 사실을 알았지만, 넌 그 사실을 몰랐어.
  I know the fact, but you don't know the fact.

- 너는 늦게 자지도 않고 일찍 일어나지도 않아.
  You don't sleep late, and you don't wake up early.

- 그녀는 도움을 주지도 받지도 않아.
  She doesn't give and take any help.

- 그들은 그걸 원하지 않았고, 그도 그것을 원하지 않았다.
  They don't want it, and he doesn't want it, too.

Check Point!

'too'가 문장 맨 뒤에 쓰이면 '또한, 역시'라는 의미로 사용할 수 있습니다. 미드 또는 일상에서 상대가 'Have a nice day.'라고 말하면, 우리는 자연스럽게 'Me, too.'라고 하지만 이때는 'You, too.'라고 하는 것이 맞습니다. '당신도 좋은 하루 보내세요.'라는 의미를 살려야 하므로 'Me, too.'가 아닌 'You, too.' 가 맞는 표현입니다.

그는 살을 빼기 위해 빵을 먹지 않아.
+ to lose weight 살 빼기 위해서

He doesn't eat bread to lose weight.

나는 변하지도 않았고 어떤 것도 만들지 않았다.

I don't change and make anything.

그는 거기 가서 지하철 타지 않아.

He doesn't go there and take the subway.

그들은 돈을 벌지도 저축하지도 않아.
+ make money 돈을 벌다 / save 저축하다

They don't make money and save it.

좋은 생각이지만 내 생각은 좀 달라.

That's a good point, but I don't think so.

너는 출근도 안 하고 일도 열심히 안 해.

You don't go to work and work hard.

'~하지 않고 ~하지 않는다.'처럼 부정어가 연결될 때는 '먼저 하는 행동' 앞에서 한 번만 부정하면 문장을 자연스럽게 연결할 수 있습니다.

📱 small talk ❶

앞에서 학습한 내용을 기반으로 묻고 답해보는 연습을 통해 자연스럽게 말할 수 있을 때까지 반복 연습해 봅시다.

Does she accept it?
그녀가 그거 받아들여?

No, she doesn't. She understands it, but she doesn't accept it.
아니. 이해는 하지만 받아들이지는 않아.

Wow, that's a good idea. Right?
와우, 좋은 생각이네요. 그렇죠?

Yeah, that's a good point, but I don't think so.
좋은 생각이긴 한데, 제 생각은 좀 달라요.

They don't make money and save it.
걔들은 돈을 벌지도 저축하지도 않아.

Really? It's unbelievable!
진짜? 말도 안 돼!

Does he drink coke?
걔 콜라 마셔?

He? He doesn't eat bread to lose weight.
걔? 살 빼려고 빵도 안 먹어.

💡 Check Point!

어떤 믿을 수 없는 상황 또는 이해할 수 없는 말을 듣는다면 우리는 '말도 안 돼!'라는 표현합니다. 이럴 때, 'It's unbelievable!' 또는 'That's unbelievable!'이라고 표현할 수 있습니다.

small talk ❷

조금 더 실생활 대화를 살펴볼까요? 보면서 자연스럽게 말할 수 있을 때까지 반복 연습해 봅시다.

She owns her house, but I don't have one.
그녀는 집이 있다는데, 난 없어.

Wow, she owns her house?
와, 집이 있다고?

She's so amazing.
너무 대단하다.

She doesn't see him.
그녀는 그를 보지 않아.

Why? What's up?
왜? 무슨 일인데?

Just because.
그냥.

Check Point!

영어는 반복을 싫어하는 언어입니다. 그래서 앞에서 나온 명사를 대신 받는 명사를 '대명사'라고 불러요. 위에 대화문 중, 'She owns her house, but I don't have one.'에서 'one'은 앞에 나온 'house'를 반복하기 싫어서 대신 사용한 대명사라고 생각해 주시면 됩니다. 'one'은 특정 집이 아니라 일반적으로 우리가 알고 있는 '집'을 의미합니다.

도움으로 만드는 의문문

'~다'를 만드는 평서문은 '주어 + 동사 + 목적어' 어순이지만, '~하나요?'라는 의문문은 '주어' 앞에 **'do / does'**의 도움으로 간단하게 만들 수 있습니다. 이때 주의할 점은 'does'입니다. 주어가 3인칭인 경우 **'Does + 주어 + 동사원형 + 목적어~?'** 구조이고, 여기서 '동사원형'의 형태를 꼭 기억해주세요. 대답은 긍정이면 'Yes, 주어 + do / does.', 부정이면 'No, 주어 + don't / doesn't.' 입니다.

🧩 단어연결법

"너 그녀를 알아?"

🧩 Do / Does + 주어+ 동사 + 목적어~? 연결해 보기

- 너 먹어?
  Do you **eat**?

- 그는 요가해?
  Does he do **yoga**?

- 그녀는 쿠키 만들지 않아?
  Doesn't she make **cookies**?

💡 Check Point!

'She doesn't make cookies.'를 의문문으로 바꾸면 'doesn't'가 주어 앞으로 가면 됩니다. 'Doesn't she make cookies? '그녀는 쿠키를 만들지 않나요?'라는 의문문이 만들어지고, 이때, 대답은 내가 만들었다면 'Yes', 내가 만들지 않았다면 'No'라고 대답합니다.

🔍 단어연결법 **적용 문장** 살펴보기

단어연결법을 적용한 문장들을 큰소리로 연습해 보세요.

- 나 버스 타?
  Do I take a bus?

- 나 그거 필요하지 않아?
  Don't I need it?

- 너 버스 타?
  Do you take a bus?

- 너 그거 필요하지 않아?
  Don't you need it?

- 그는 버스 타?
  Does he take a bus?

- 그녀는 그거 필요하지 않아요?
  Doesn't she need it?

- 그들은 버스 타요?
  Do they take a bus?

- 우리 그거 필요하지 않아?
  Don't we need it?

- 그 회사는 어떤 투자를 가지고 있나요?
  Does the company have any investments?

- 그 극장은 옛날 영화 보여줘?
  Does the theater show classic films?

✏️💬 단어연결법 적용 문장 영작하기

단어연결법이 적용된 문장들을 1초 만에 **영어**로 바꿔 말해 보세요. (3회 반복)

나 버스 타? ☐ ☐ ☐

나 그거 필요하지 않아? ☐ ☐ ☐

너 버스 타? ☐ ☐ ☐

너 그거 필요하지 않아? ☐ ☐ ☐

그는 버스 타? ☐ ☐ ☐

그녀는 그거 필요하지 않아요? ☐ ☐ ☐

그들은 버스 타요? ☐ ☐ ☐

우리 그거 필요하지 않아? ☐ ☐ ☐

그 회사는 어떤 투자를 가지고 있나요? ☐ ☐ ☐

그 극장은 옛날 영화 보여줘? ☐ ☐ ☐

단어연결법이 적용된 문장들을 1초 만에 **한글**로 바꿔 말해 보세요. (3회 반복)

Do I take a bus? ☐ ☐ ☐

Don't I need it? ☐ ☐ ☐

Do you take a bus? ☐ ☐ ☐

Don't you need it? ☐ ☐ ☐

Does he take a bus? ☐ ☐ ☐

Doesn't she need it? ☐ ☐ ☐

Do they take a bus? ☐ ☐ ☐

Don't we need it? ☐ ☐ ☐

Does the company have any investments? ☐ ☐ ☐

Does the theater show classic films? ☐ ☐ ☐

📒 단어연결법 **확장 문장** 연습하기

배운 문장들을 좀 더 길게 확장해서 말하는 연습을 해봅시다.

- 너가 원하는 게 뭐야?
  ### What do you want?

- 어떻게 가?
  ### How do you go?

- 누가 영어 하지?
  ### Who speaks English?

- 그는 왜 우리에게 화를 내는 거지?
  ### Why does he get angry at us?

- 저 발표 언제 시작해요?
  ### When do I start my presentation?

- 우리 줄 어디에서 서요?
  ### Where do we get in line?

💡 Check Point!

우리가 흔히 '육하원칙'을 사용하여 말하면 조금 더 구체적으로 말을 할 수 있다고 하죠? 영어에서
도 그 법칙이 적용됩니다. 한국어로 육하원칙이라 말하는 내용은 영어로 보통 '의문사'로 표현합니다.
when(언제), 어디서(where), 무엇을(what), 누가(who), 어떻게(how), 왜(why)로 정리할 수 있습니
다. 이 의문사들은 문장 맨 앞에 위치하게 됩니다.

의문사	+	do/does	+	주어	+	동사	+	목적어?
Why		do		you		like		it?

- 시럽 얼마나 원하세요?

How much syrup do you want?

- 어떤 색이 마음에 들어?

Which color do you like?

- 시간 얼마나 걸려?

How long does it take?

- 어떤 와인 원하시나요?

Which wine do you want?

- 그녀는 누구의 생각을 지지하나요?

  * support 지지하다

Whose idea does she support?

- 의자 몇 개 필요하세요?

How many chairs do you need?

 **Check Point!**

의문사 뒤에 명사가 오면 '무슨/어떤 명사~?' 뜻을 나타내고, 의문사 뒤에 형용사나 부사가 오면 '얼마나 ~한~?' 이런 내용을 표현할 수 있습니다.

🗨️ small talk ①

앞에서 학습한 내용을 기반으로 묻고 답해보는 연습을 통해 자연스럽게 말할 수 있을 때까지 반복 연습해 봅시다.

Don't you need it?
너 그거 필요하지 않아?

Yes, absolutely. I really need it.
응, 완전. 나 그거 진짜 필요해.

Why does he get angry at us?
걔 우리에게 왜 화내?

Maybe, he has some complaints about us.
아마, 우리에게 불만이 있어.

How many chairs do you need?
의자 몇 개 필요하세요?

I need about 8 chairs.
의자 8개 필요합니다.

Who speaks English?
누가 영어 할 줄 알아요?

I speak English. How can I assist you?
저 영어 할 줄 알아요. 제가 어떻게 도와드리면 될까요?

💡 Check Point!

'How can I assist you?'의 문장에서 'can'은 '능력', '허가'를 표현할 때, 의미를 풍부하게 만들어 주기 위해, 도움을 주는 동사의 역할을 하는 조동사입니다.

small talk ❷

조금 더 실생활 대화를 살펴볼까요? 보면서 자연스럽게 말할 수 있을 때까지 반복 연습해
봅시다.

What would you like to order?
주문하시겠어요?

What do you recommend?
추천해 주실래요?

How about the pasta?
파스타 어떠세요?

What kind of activities do you enjoy?
너 어떤 활동 좋아해?

I like outdoor activities. Any recommendations?
나 야외 활동 좋아해. 추천해 줄래?

Um... How about futsal?
풋살 어때?

원어민 진짜 pattern ❶

'내가 ~ 할까?'라는 표현은 'Do you want me to ~'를 이용하여 표현합니다. 이때, to 뒤에는 반드시 **동사원형**의 형태가 와야 합니다.

I want you to come up.
Do you want me to go down?
나 네가 올라오면 좋겠어. 내가 내려가?

I want you to come down.
나 너가 내려오면 좋겠어.

'~해도 괜찮겠어?, 괜찮을까요?'라는 의미는 'Do you mind if ~?'를 가지고 표현할 수 있습니다. 여기서 주의할 점은 'if' 뒤에 꼭!!! **주어 + 동사** 구조를 넣어 주셔야 합니다.

Do you mind if we take this chair?
이 의자 가져가도 괜찮을까요?

I'm sorry. My friend is coming. We're using
this chair.
죄송하지만 친구가 오고 있어요. 이 의자 쓸 거예요.

나만의 영어 노트 만들기

2 Weeks Challenge

Challenge 도전 주제

① 조동사 활용하여 문장 만들기
② 조동사 부정문 만들기
③ be동사 문장 만들기
④ 일반동사 문장 만들기

2주 차 챌린지 문장을 보고 우리말을 영어로 5초 안에 말해보세요.

☐ 1. 우리는 우리 짐을 여기에 두고 가도 돼요.

☐ 2. 그는 아이들에게 너무 엄해.

☐ 3. 넌 이 뚜껑 열면 안 돼.

☐ 4. 우리는 저거 떼어야 해요.

☐ 5. 그녀는 그 제안을 받아들일지도 몰라.

☐ 6. 그녀는 영어 공부 할 필요 없어.

☐ 7. 그 팀은 내일 토너먼트 시합 때문에 연습할 거야.

☐ 8. 그들은 곧 여행 일정을 짜기 시작해야 한다.

2주 차 챌린지의 모범 예문을 확인하세요. 그리고 앞으로 돌아가 우리말만 보고 영어로 말할 수 있는지 재도전해 보시고 입으로 잘 나오지 않은 번호 옆 박스에 ☑표시해 보세요.

1. 우리는 우리 짐을 여기에 두고 가도 돼요.
   🔊 We can leave our luggage here.

2. 그는 아이들에게 너무 엄해.
   🔊 He is too strict with his kids.

3. 넌 이 뚜껑 열면 안 돼.
   🔊 You shouldn't take this lid off.

4. 우리는 저거 떼어야 해요.
   🔊 We must take that off.

5. 그녀는 그 제안을 받아들일지도 몰라.
   🔊 She might accept the offer.

6. 그녀는 영어 공부 할 필요 없어.
   🔊 She doesn't have to study English.

7. 그 팀은 내일 토너먼트 시합 때문에 연습할 거야.
   🔊 The team will practice for the tournament tomorrow.

8. 그들은 곧 여행 일정을 짜기 시작해야 한다.
   🔊 They should start planning the trip soon.

luggage	짐	ignore	무시하다
strict	엄격한	warning	경고
complete	완성하다, 완료하다	hint	눈치
application	신청서	apologize	사과하다
attend	참석하다	afford	~할 여유가 있다
vegetable	야채	recharge	재충전하다.
clean	청소하다	take a break	쉬다
water	물을 주다	accountant	회계사
soothe	(통증 등을) 완화시키다	cash grab	(돈을 목적으로 만든) 엉성한 제품
pay	지불하다	exceed	초과하다
come up	다가오다	be a steal	(값이 싸서) 거저나 마찬가지
a day trip	당일치기 여행	happening	일어나는, 발생하는
pack	짐을 싸다	vacant	빈
take off	떼어내다	breathe	숨쉬다
lid	뚜껑	appreciate	감사하다, 고마워하다
park	주차하다	availability	이용 가능, 이용 가능성
consider	생각하다	ghost	잠수타다
option	선택지	show off	과시하다
make a decision	결정하다	make a excuse	변명하다
expired	만료된	relieve	(불쾌감, 고통 등을) 없애주다
put one's finger on	~을 꼬집어 말하다	binge-watch	(몰아서) 보다

Unit 5 영어 문장 의미를 풍부하게 도와주는 조동사

'하다'는 영어로 'do'이고, **'할 수 있다'**는 **'can do'**로 표현합니다. 능력을 표현하기 위해 'do'라는 동사 앞에 'can'을 넣어주면 됩니다. 그러면 **'갈 것이다'**라는 미래 표현은 어떻게 할까요? 'go'라는 동사 앞에 미래시제를 표현해 주기 위해 'will'을 넣어주면, **'will go'**가 되고 '갈 것이다'라는 의미가 완성됩니다. 이처럼 영어 의미를 풍부하게 만들 수 있도록 도와주는 역할을 하는 그룹을 **'조동사'**라고 부릅니다. '조동사'는 주어와 동사 사이에 위치하고, 이때 '동사'의 형태는 반드시 **'동사원형'**의 형태를 유지합니다.

🧩 단어연결법

"나 할 수 있어."

🧩 주어 + 조동사 + 동사원형 연결해 보기

• 나 꼭 가야 해요.
  I must go.

• 그는 갈 거예요.
  He will go.

• 그녀는 운동해야만 한다.
  She should exercise.

• 그들은 갈지도 몰라.
  They might go.

• 우리 스페인어 할 수 있어요.
  We can speak Spanish.

💡 Check Point!

'must'와 'should'는 가지고 있는 뉘앙스가 다릅니다. 'must'는 어떤 일을 해야 하는 '의무, 필요성이 강함'을 나타내고, 'should'는 의무보다는 '조언, 제안'의 의미가 더 담겨 있습니다. 그래서 '~하는 것이 좋겠다'의 의미를 나타내요.

🔍 단어연결법 적용 문장 살펴보기

단어연결법을 적용한 문장들을 큰소리로 연습해 보세요.

- 나는 그것을 그녀에게 줄 수 있어.
  I can give it to her.

- 나 내일 파티에 참석할 거예요.
  * attend 참석하다
  I will attend the party tomorrow.

- 너 내일 파티에 참석할 거야.
  You will attend the party tomorrow.

- 너 회의 갈지도 몰라.
  You might come to the meeting.

- 그는 그것을 우리에게 줄 수 있어.
  He can give it to us.

- 그녀는 내일 파티에 참석할 거예요.
  She will attend the party tomorrow.

- 그는 과제 제출해야만 해.
  He must submit his assignment.

- 그들은 그것을 너에게 줄 수 있어.
  They can give it to you.

- 우리는 내일 파티에 참석할 거예요.
  We will attend the party tomorrow.

- 그들은 야채 먹어야 해.
  They should eat vegetables.

✏️💬 단어연결법 적용 문장 영작하기

단어연결법이 적용된 문장들을 1초 만에 **영어**로 바꿔 말해 보세요. (3회 반복)

나는 그것을 그녀에게 줄 수 있어.　　　　　　　　☐ ☐ ☐

나 내일 파티에 참석할 거예요.　　　　　　　　　　☐ ☐ ☐
   ＊ attend 참석하다

너 내일 파티에 참석할 거야.　　　　　　　　　　　☐ ☐ ☐

너 회의 갈지도 몰라.　　　　　　　　　　　　　　　☐ ☐ ☐

그는 그것을 우리에게 줄 수 있어.　　　　　　　　　☐ ☐ ☐

그녀는 내일 파티에 참석할 거예요.　　　　　　　　☐ ☐ ☐

그는 과제 제출해야만 해.　　　　　　　　　　　　　☐ ☐ ☐

그들은 그것을 너에게 줄 수 있어.　　　　　　　　　☐ ☐ ☐

우리는 내일 파티에 참석할 거예요.　　　　　　　　☐ ☐ ☐

그들은 야채 먹어야 해.　　　　　　　　　　　　　　☐ ☐ ☐

단어연결법이 적용된 문장들을 1초 만에 **한글**로 바꿔 말해 보세요. (3회 반복)

I can give it to her.

I will attend the party tomorrow.

You will attend the party tomorrow.

You might come to the meeting.

He can give it to us.

She will attend the party tomorrow.

He must submit his assignment.

They can give it to you.

We will attend the party tomorrow.

They should eat vegetables.

📝📖 단어연결법 확장 문장 연습하기

배운 문장들을 좀 더 길게 확장해서 말하는 연습을 해봅시다.

- 그들은 토요일마다 방 청소를 해야만 한다.
  * every+요일 요일마다
  They have to clean their rooms every Saturday.

- 내가 널 도와 줄 수 있어.
  I could help you.

- 도움이 필요해.
  I could use some help.

- 그는 일 때문에 일찍 일어나야만 한다.
  He has to wake up early for work.

- 우리 오늘 그 식물에 물 줄 필요없어.
  We don't have to water the plants today.

- 그거 너 목 가라앉히는데 도움이 될 거야.
  It might help soothe your throat.

💡 Check Point!

'could, would'는 각각 'can과 will'의 과거형으로 사용되기도 하지만, '허락, 요청, 과거의 습관, 가능성, 미래의 일'을 표현하기 위해 사용되기도 합니다. 또한 'have to'는 '~해야만 한다'라는 뜻으로 'must'가 조금 더 공식적으로 활용된다면, 'have to'는 일상에서 많이 사용됩니다. '~하지 않아야 한다'를 'don't have to'로 생각할 수 있는데, 'don't have to'는 '~할 필요가 없다'라는 뜻으로 'have to'나 'must'의 의미로 사용되지 않아요.

◦ 우산 좀 빌려주실래요?

Could I borrow your umbrella?

◦ 우리랑 같이 저녁 먹을래요?

Would you like to join us for dinner?

◦ 내가 그 쇼 티켓 살 필요가 없나요?

Don't I have to buy a ticket for the show?

◦ 내일 비 올까?

It will rain tomorrow?

◦ 업그레이드 비용을 추가로 지불해야 하나요?

  ◦ pay 지불하다

Do I have to pay extra for the upgrade?

◦ 이 근처에 괜찮은 식당 추천해 주실래요?

  ◦ recommend 추천하다

Could you recommend a good restaurant in this area?

 **Word Point!**

I could use ~ ~하면 좋겠나

small talk ❶

학습한 내용을 기반으로 묻고 답해보는 연습을 통해 자연스럽게 말할 수 있을 때까지 반복 연습해 봅시다.

Could I borrow your umbrella? It's raining outside.
우산 좀 빌려주실래요? 밖에 비가 오고 있어요.

Of course! You can take it.
물론이지! 그거 가져가도 괜찮아.

Can you help me?
나 좀 도와줄래?

No problem, I could help you.
당연하지, 내가 널 도와 줄 수 있어.

I have a sore throat.
목이 아파.

You should drink some warm tea. It might help soothe your throat.
너 따뜻한 차를 마시는 것이 좋겠다. 너 목을 가라앉히는데 도움이 될 거야.

It will rain tomorrow?
내일 비 올까?

It might rain, but we'll see.
비 올 거 같은데, 두고 보자.

Check Point!

날씨는 보통 'It is~'의 구조를 가지고 표현합니다. 이때, 'it'은 아무런 뜻이 없습니다. 'is'는 우리가 be동 사라고 부르는 데, Unit 7에서 자세히 배우게 됩니다.

small talk ❷

조금 더 실생활 대화를 살펴볼까요? 보면서 자연스럽게 말할 수 있을 때까지 반복 연습해 봅시다.

Which movie do you watch tonight?
저녁에 어떤 영화 볼 거야?

I could watch the comedy.
나 코미디 영화 볼 듯.

That sounds good.
좋은 생각이야.

We have a long weekend coming up.
우리 긴 주말을 앞두고 있어.

Yes, we could plan a day trip to the beach.
맞아, 우리 바다로 당일치기 여행 갈 수 있을 듯.

We should pack some snacks.
우리 간식 좀 가져가는 게 좋겠다.

Word Point!

come up 다가오다, 앞두다　　**a day trip** 당일치기 여행　　**pack** 꾸리다, 싸다

Unit 6 'not'을 이용한 풍부함 한 숟가락

영어 의미의 풍부함과 입체감을 살리기 위해 우리는 '조동사'를 활용하는 방법을 익혔습니다. 그 풍부함을 한층 더 살릴 수 있는 법은 바로 '**not**'을 이용한 방법입니다. 예를 들어 '나 그거 할 수 없어'라는 말은 'can' 뒤에 not을 붙여 '~할 수 없다'가 됩니다. 그럼, 문장은 '**I cannot do it.**' 이 되고, 줄여서 'can't'로도 표현할 수 있습니다.

🧩 단어연결법

I + **can't do** + **it.**

"나 할 수 없어."

🧩 주어 + 조동사 + not + 동사원형 연결해 보기

- 나 가면 안 돼.
  I must not go.

- 그는 가지 않을 거야.
  He will not (=won't) go.

- 그녀는 운동하지 말아야 해.
  She should not exercise.

- 그들은 안 갈지도 몰라.
  They might not go.

- 우리 스페인어 할 수 없어요.
  We can't speak Spanish.

💡 Check Point!

'must not'은 '~해서는 안 된다'를 의미하는 말입니다. 보통 '~해야 한다'를 뜻하는 'must'는 'have to' 와 같은 의미로 사용되기도 하지만 'not'이 사용된다면 그 뜻은 180도 달라집니다. 'must not'의 경우, '~해서는 안 된다'의 '금지'의 의미가 강해지는 반면, 'don't have to'의 경우는 '~할 필요가 없다' 뜻으로 'must not'의 뜻과는 거리가 멀어집니다.

🔍 단어연결법 적용 문장 살펴보기

단어연결법을 적용한 문장들을 큰소리로 연습해 보세요.

- 나는 그것을 그녀에게 줄 수 없어.
  I can't give it to her.

- 나 내일 파티에 참석하지 못할 거예요.
  I won't attend the party tomorrow.

- 너 이 뚜껑 열면 안 돼.
  • take off 떼어내다 / lid 뚜껑
  You shouldn't take this lid off.

- 너 그거 안 좋아할지도 몰라.
  You might not like it.

- 너 말해서는 안 돼.
  You must not speak.

- 그는 이 뚜껑 열면 안 돼.
  He shouldn't take this lid off.

- 그녀는 그거 안 좋아할지도 몰라.
  She might not like it.

- 그들은 그것을 너에게 줄 수 없어.
  They can't give it to you.

- 우리 내일 파티에 참석하지 못할 거예요.
  We won't attend the party tomorrow.

- 그들은 이 뚜껑 열면 안 돼.
  They shouldn't take this lid off.

단어연결법 적용 문장 영작하기

단어연결법이 적용된 문장들을 1초 만에 **영어**로 바꿔 말해 보세요. (3회 반복)

나는 그것을 그녀에게 줄 수 없어. ☐ ☐ ☐

나 내일 파티에 참석하지 못할 거예요. ☐ ☐ ☐

너 이 뚜껑 열면 안 돼.
* take off 떼어내다 / lid 뚜껑 ☐ ☐ ☐

너 그거 안 좋아할지도 몰라. ☐ ☐ ☐

너 말해서는 안 돼. ☐ ☐ ☐

그는 이 뚜껑 열면 안 돼. ☐ ☐ ☐

그녀는 그거 안 좋아할지도 몰라. ☐ ☐ ☐

그들은 그것을 너에게 줄 수 없어. ☐ ☐ ☐

우리 내일 파티에 참석하지 못할 거예요. ☐ ☐ ☐

그들은 이 뚜껑 열면 안 돼. ☐ ☐ ☐

단어연결법이 적용된 문장들을 1초 만에 **한글**로 바꿔 말해 보세요. (3회 반복)

I can't give it to her. ☐ ☐ ☐

I won't attend the party tomorrow. ☐ ☐ ☐

You shouldn't take this lid off. ☐ ☐ ☐

You might not like it. ☐ ☐ ☐

You must not speak. ☐ ☐ ☐

He shouldn't take this lid off. ☐ ☐ ☐

She might not like it. ☐ ☐ ☐

They can't give it to you. ☐ ☐ ☐

We won't attend the party tomorrow. ☐ ☐ ☐

They shouldn't take this lid off. ☐ ☐ ☐

🖊️📓 단어연결법 확장 문장 연습하기

배운 문장들을 좀 더 길게 확장해서 말하는 연습을 해봅시다.

- 나 차를 밖에 주차하고 들어갈 수 없어.
  I can't park my car outside and come in.

- 너 그것을 좋아하지 않을 수도 있어.
  You might not like it.

- 결정을 내리기 전에 모든 선택사항을 고려해 봐야 하지 않을까?
  * make a decision 결정하다
  Shouldn't we consider all the options before making a decision?

- 나는 너 없이 아무것도 할 수 없어.
  I can't do anything without you.

- 우리는 유통기한 지난 요거트 먹는 것을 추천하지 않습니다.
  * recommend 추천하다 / expired 만료된
  I wouldn't recommend eating the expired yogurt.

- 딱히 뭐라고 말 못 하겠어.
  * put one's finger on ~을 꼬집어 말하다
  I can't put my finger on it.

이 구역에서 담배를 피우면 안 됩니다.
You must not smoke in this area.

그들은 경고 표시를 무시하지 않는 것이 좋아.
They shouldn't ignore the warning signs.

지금은 마음을 놓을 여유가 없어요.
I can't afford to relax right now.

그녀는 똑똑한 것 같지만 눈치가 없어.
hint 눈치
She seems smart but she can't take a hint.

그는 사과할 필요 없다.
apologize 사과하다
He doesn't have to apologize.

우리 이거 하면 안 된다.
We must not do this.

small talk ❶

앞에서 학습한 내용을 기반으로 묻고 답해보는 연습을 통해 자연스럽게 말할 수 있을 때까지 반복 연습해 봅시다.

Can you park your car outside?
밖에 주차해도 괜찮지?

I can't park my car outside and come in.
난 밖에 주차하고 들어갈 수 없어.

Excuse me, can I smoke here?
저기, 여기서 담배를 피워도 될까요?

No, you must not smoke in this area.
아니요. 이 구역에서 담배 피워서는 안 됩니다.

Can they open the box?
그들이 박스 안에 뭐 있는지 보려고 열어봐도 괜찮아?

No, they shouldn't take this lid off.
아니, 그들은 이 뚜껑 열면 안 돼.

Should he apologize for the issue?
그는 그 이슈에 대해 사과해야 할까요?

Well, he doesn't have to apologize.
음… 사과할 필요 없을 듯합니다.

small talk ❷

조금 더 실생활 대화를 살펴볼까요? 보면서 자연스럽게 말할 수 있을 때까지 반복 연습해 봅시다.

It's a great book. But you might not like it.
이거 되게 좋은 책이야. 근데 너가 좋아하지 않을 수도 있어.

Really? What is it?
진짜? 뭔데?

It's an adventure story.
모험 이야기야.

I can't afford to relax right now.
지금 마음을 놓을 여유가 없어.

I understand, but a short break could help you recharge.
아는데, 짧게라도 쉬는 것이 재충전하는 데 도움이 될 수 있어.

I'll take a break once the project is done.
프로젝트 일단 끝내고 쉴게.

 Word Point!

consider 고려하다   before making a decision 결정하기 전에

Unit 7 영어의 절반, be동사 파헤치기

영어 동사는 'do' 라인 동사와 'be'동사 라인, 2가지 라인으로 나눌 수 있습니다. 'do' 라인 동사는 다음 유닛에서 살펴보고 여기서는 **'be'동사** 라인에 대해 알아보도록 해요. **be동사**는 [am, are, is]가 있고, 각 동사들은 **짝꿍 주어**가 있습니다.

🧩 단어연결법

"내가 네 아빠다."

🧩 주어 + be동사 + 명사 연결해 보기

- 나는 너야.
  I am you.

- 그는/그녀는 내 상사다.
  He/She is my boss.

- 우리는 한 팀이다.
  We are a team.

Check Point!

be동사는 3가지의 세부 동사들이 있습니다. 3가지 세부 동사들은 'am, are, is'이고, 각각의 동사들의 짝꿍 주어들이 존재합니다. 'am'은 1인칭 주어 'I', 'are'는 2인칭 주어 'you'와 복수 주어인 'they, we'와 짝이 되고, 'he, she'는 'is'와 짝이 됩니다. 'is'동사는 '그, 그녀'이외에 다른 3인칭 단수 주어에 모두 사용 가능합니다. 예를 들어, 'This is my cup.'처럼요.

🔍 단어연결법 적용 문장 살펴보기

단어연결법을 적용한 문장들을 큰소리로 연습해 보세요.

- 나는 회계사야.
  - accountant 회계사
  I'm an accountant.

- 나는 프로그래머가 아니야.
  I'm not a programmer.

- 너는 회계사야.
  You're an accountant.

- 너는 프로그래머가 아니야.
  You're not a programmer.

- 그는 회계사야.
  He **is** an accountant.

- 그녀는 프로그래머가 아닙니다.
  She **isn't** a programmer.

- 그들은 회계사입니다.
  They**'re** accountants.

- 우리는 프로그래머가 아닙니다.
  We **aren't** programmers.

- 그 고양이는 내 애완동물이야.
  The cat **is** my pet.

- 이것들은 그들의 장식품이야.
  These **are** their accessories.

 Check Point!

be동사 부정문은 동사 뒤에 'not'만 넣으면 완성이 됩니다. 예를 들어 'are not(aren't), is not(isn't)'처럼요. 단, 'am not'은 축약할 수 없어요. 의문문의 경우에도 be동사를 문장 맨 앞으로 위치시켜 주면 끝이 납니다. 'do'를 이용해서 부정문, 의문문 만드는 것보다 간단하게 만들 수 있습니다.

단어연결법 적용 문장 영작하기

단어연결법이 적용된 문장들을 1초 만에 **영어**로 바꿔 말해 보세요. (3회 반복)

나는 회계사야.
* accountant 회계사 ☐ ☐ ☐

나는 프로그래머가 아니야. ☐ ☐ ☐

너는 회계사야. ☐ ☐ ☐

너는 프로그래머가 아니야. ☐ ☐ ☐

그는 회계사야. ☐ ☐ ☐

그녀는 프로그래머가 아닙니다. ☐ ☐ ☐

그들은 회계사입니다. ☐ ☐ ☐

우리는 프로그래머가 아닙니다. ☐ ☐ ☐

그 고양이는 내 애완동물이야. ☐ ☐ ☐

이것들은 그들의 장식품이야. ☐ ☐ ☐

단어연결법이 적용된 문장들을 1초 만에 **한글**로 바꿔 말해 보세요. (3회 반복)

I'm an accountant. ☐ ☐ ☐

I'm not a programmer. ☐ ☐ ☐

You're an accountant. ☐ ☐ ☐

You're not a programmer. ☐ ☐ ☐

He is an accountant. ☐ ☐ ☐

She isn't a programmer. ☐ ☐ ☐

They're accountants. ☐ ☐ ☐

We aren't programmers. ☐ ☐ ☐

The cat is my pet. ☐ ☐ ☐

These are their accessories. ☐ ☐ ☐

단어연결법 확장 문장 연습하기

배운 문장들을 좀 더 길게 확장해서 말하는 연습을 해봅시다.

- 나이는 숫자에 불과합니다.
  Age is nothing but a number.

- 완전히 바가지야.
  * cash grab (돈을 목적으로 만든) 엉성한 제품
  It is just a cash grab.

- 당신이 진정한 챔피언입니다.
  You're the true champion.

- 그녀는 베스트 드라이버이고 절대 제한속도를 넘기지 않아.
  * exceed 넘기다 / speed limit 제한속도
  She is the best driver, and she doesn't ever exceed the
  speed limit.

- 그 값이면 거저나 마찬가지구나.
  * be a steal (값이 싸서) 거저나 마찬가지
  It's a steal at that price.

- 나 먹는 거에 진심이잖아.
  I'm a foodie.

- 우리 집 근처에 예쁜 공원이 있다.

There is a beautiful park near my house.

- 메뉴에 채식 선택지가 있나요?
  - vegetarian 채식주의자

Are there any vegetarian options on the menu?

- 이번 주말에 재미있는 행사가 있나요?
  - happening 일어나는, 발생하는

Are there any interesting events happening this weekend?

- 호텔에 빈방 있습니까?
  - vacant 빈

Are there any vacant rooms in the hotel?

- 맑은 하늘에 구름 한 점 없다.

There isn't a single cloud in the clear sky.

- 밖에 서 있는 택시가 없어.

There aren't any taxis waiting outside.

 **small talk ❶**

앞에서 학습한 내용을 기반으로 묻고 답해보는 연습을 통해 자연스럽게 말할 수 있을 때까지 반복 연습해 봅시다.

What's wrong? I'm a doctor. Can I help you?
무슨 일이시죠? 저 의사입니다. 제가 도와드릴까요?

I can't breathe suddenly.
갑자기 숨을 쉴 수가 없어요.

Are there any interesting events happening this weekend?
이번 주말에 재미있는 행사 좀 있어?

Let's check online for events.
행사 있는지 인터넷으로 찾아보자.

She is the best driver, and she ever exceeds the speed limit.
그녀는 베스트 드라이버야, 제한속도를 절대 넘기지 않아.

She's a whole another level.
난 명함도 못 내밀어.

You're the true champion.
당신이 진정한 챔피언입니다.

I appreciate your kind words.
칭찬 감사합니다.

 small talk ❷

조금 더 실생활 대화를 살펴볼까요? 보면서 자연스럽게 말할 수 있을 때까지 반복 연습해
봅시다.

Hi, I'm looking for a place to stay for the weekend.
Are there any vacant rooms in the hotel?
안녕하세요, 저 주말 동안 머무를 곳을 찾고 있습니다. 빈방 있나요?

Yes, we do have availability. How many guests will
be staying?
네, 빈방 있습니다. 몇 분이나 머무르실 건가요?

It's two.
두 명이요.

There is a beautiful park near my house.
우리 집 근처에 예쁜 공원 있어.

That sounds wonderful. You would enjoy spending
time outdoors.
좋다. 너 밖에서 시간 보내는 거 즐기겠다.

Right. You should visit the park then.
맞아. 너도 나중에 그 공원 가보면 좋을 거 같아.

Unit 8   Do 라인 동사

드디어, 말로만 듣던 **'do' 라인** 동사를 살펴볼 차례입니다. 'do' 라인 동사라 해서 거창할 것은 없습니다. 우리가 Unit 1부터 지금까지 중간 중간 만나온 동사들 중 'be' 동사 라인, 조동사를 제외한 동사들을 'do' 라인 동사로 정의할 수 있습니다. 흔히, **'일반동사'**라고 말하는 그것이 **'do' 라인** 동사입니다.

🧩 단어연결법

🧩 주어 + do 라인 동사 연결 해보기

- 그/그녀는 넷플릭스 봐.

  He / She watches Netflix.

- 넌 넷플릭스 보지 않아.

  You don't watch Netflix.

- 그들은 넷플릭스 봐?

  Do they watch Netflix?

'do' 라인 동사들은 3인칭 단수 주어를 만나면 동사의 모양이 변합니다. 주어가 'he, she'처럼 3인칭 단수이면 동사는 '-(e)s'를 붙여 모양 변화를 줍니다. 부정문의 경우 'do'를 이용해, 'do not (don't)/does not(doesn't)'가 동사 앞에 위치하게 됩니다. 의문문의 경우, 'do/does'를 문장 맨 앞으로 위치시키게 됩니다. 여기서 주의할 점은 'do'의 도움을 받았다면, 주어가 3인칭 단수여도 동사 모양에 변화가 없다는 것이며, 우리는 이것을 '동사원형'이라 부릅니다.

🔍 단어연결법 적용 문장 살펴보기

단어연결법을 적용한 문장들을 큰소리로 연습해 보세요.

- 나 정원에서 식물에게 물을 줘.
  I water the plants in the garden.

- 나 그거 다시 해야 해요.
  I need to do it over.

- 너 정원에서 식물에게 물을 줘.
  You water the plants in the garden.

- 너 그거 다시 해야 해요.
  You need to do it over.

- 그는 정원에서 식물에게 물을 줘.
  He waters the plants in the garden.

- 그녀는 그거 다시 해야 해요.
  She needs to do it over.

- 그들은 정원에서 식물에게 물을 줘.
  They water plants in the garden.

- 우리는 그거 다시 해야 해요.
  We need to do it over.

- 늘 있는 일이야.
  It happens all the time.

- 잠수 좀 타지마, 제발.
  Don't ghost me, please.

단어연결법 적용 문장 영작하기

단어연결법이 적용된 문장들을 1초 만에 **영어**로 바꿔 말해 보세요. (3회 반복)

나 정원에서 식물에게 물을 줘. ☐ ☐ ☐

나 그거 다시 해야 해요. ☐ ☐ ☐

너 정원에서 식물에게 물을 줘. ☐ ☐ ☐

너 그거 다시 해야 해요. ☐ ☐ ☐

그는 정원에서 식물에게 물을 줘. ☐ ☐ ☐

그녀는 그거 다시 해야 해요. ☐ ☐ ☐

그들은 정원에서 식물에게 물을 줘. ☐ ☐ ☐

우리는 그거 다시 해야 해요. ☐ ☐ ☐

늘 있는 일이야. ☐ ☐ ☐

잠수 좀 타지마, 제발. ☐ ☐ ☐

단어연결법이 적용된 문장들을 1초 만에 **한글**로 바꿔 말해 보세요. (3회 반복)

I water the plants in the garden. ☐ ☐ ☐

I need to do it over. ☐ ☐ ☐

You water the plants in the garden. ☐ ☐ ☐

You need to do it over. ☐ ☐ ☐

He waters the plants in the garden. ☐ ☐ ☐

She needs to do it over. ☐ ☐ ☐

They water plants in the garden. ☐ ☐ ☐

We need to do it over. ☐ ☐ ☐

It happens all the time. ☐ ☐ ☐

Don't ghost me, please. ☐ ☐ ☐

📓 단어연결법 확장 문장 연습하기

배운 문장들을 좀 더 길게 확장해서 말하는 연습을 해봅시다.

- 그는 항상 그의 부를 과시해.
  He always shows off his wealth.

- 그는 애완동물로 앵무새랑 햄스터가 있어.
  He has a parrot and a hamster as pets.

- 변명하지 마.
  Don't make excuses.

- 그녀는 스트레스 풀기 위해 음악을 들어.
  * to+동사원형 ~하기 위해서
  She listens to music to relieve stress.

- 그것은 우리에게 많은 경고를 준다.
  * warning 경고
  It gives us many warnings.

- 나 넷플릭스로 그 드라마 다 몰아서 보려고 해.
  * binge-watch (몰아서) 보다
  I will binge-watch that drama on Netflix.

- 쉬엄쉬엄해!
  Take it easy!

- 다른 일정 있어?
  Do you have any other schedules?

- [상황] 이해했어?
  You get the picture?

- 나 이해가 안 돼.
  I don't get it.

- 그들은 이번이 처음이기 때문에, 그 모든 걸 알지 못해.
  They don't know everything because it's their first time.

- 전화 끊지 마.
  Don't hang up.

 **Check Point!**

'do' 라인 동사들의 경우에도 '~할 것이다'라는 미래 의미를 나타낼 때는 'will + 동사원형' 형태를 사용합니다. 또한, 영어 문장에서 '주어' 없이 '동사'가 바로 위치하는 문장을 '명령문'이라고 합니다.

small talk ①

앞에서 학습한 내용을 기반으로 묻고 답해보는 연습을 통해 자연스럽게 말할 수 있을 때까지 반복 연습해 봅시다.

He always shows off his wealth.
그는 항상 그의 부를 과시해.

Right. He is too arrogant.
맞아. 그는 너무 거만해.

What does he do in the garden?
걔 정원에서 뭐 해?

He waters the plants in the garden.
정원에서 식물에 물 줘.

Take it easy! You don't have to finish it all today
쉬엄쉬엄해! 오늘 다 안 끝내도 돼!

Yeah, I know. But I just want to finish it quickly.
나도 알아. 근데 그냥 빨리 끝내고 싶어.

How does she handle stress?
그녀는 스트레스 어떻게 풀어?

She listens to music to relieve stress.
스트레스 풀기 위해 음악을 들어.

 small talk ❷

조금 더 실생활 대화를 살펴볼까요? 보면서 자연스럽게 말할 수 있을 때까지 반복 연습해 봅시다.

What kind of pets does he have?
그는 어떤 종류의 애완동물을 키워요?

He has a parrot and a hamster as pets.
앵무새랑 햄스터를 키워요.

That's an interesting combination!
재미있는 조합이네요.

Why do they look uncertain about this job?
왜 그들은 이 일에 있어 불확실해 보이지?

They don't know everything because it's their first time.
그들은 이번이 처음이기 때문에 다 알지 못해.

What can I tell them to help?
나 그들 도와줄 뭔가를 말해줄 수 있을까?

원어민 진짜 pattern ❷

'-하는 데에 ~만큼 걸려'라는 표현은 'It takes ~ to -'를 이용하여 표현합니다. 이때, to 뒤에는 반드시 **동사원형**의 형태가 와야 합니다.

 How long does it take to finish this project?
이 프로젝트 끝내는 데 얼마나 걸려?

Maybe, it will take about 4 days to finish it.
아마, 끝내는 데 4일쯤 걸릴 거예요.

'내가 -한테 ~하라고 했어.'라는 의미는 'I told - to ~'를 가지고 표현할 수 있습니다. 여기서 주의할 점은 'told + 사람 + to 동사원형' 구조를 기억하셔야 해요.

 I told you to eat breakfast before you come here.
내가 너 여기 오기 전에 아침 먹고 오랬잖아.

I'm sorry. I forgot to eat breakfast before coming here.
미안해. 오기 전에 아침 먹는 거 잊었어.

나만의 영어 노트 만들기

3
Weeks
Challenge

 **Challenge 도전 주제**

① be동사 + 형용사 활용 문장 만들기
② be동사 + 위치/장소 문장 만들기
③ 조동사 + be동사 + 상태 말하기
④ 조동사 + be동사 + 장소 말하기

3주 차 챌린지 문장을 보고 우리말을 영어로 5초 안에 말해보세요.

☐ 1. 너 방 깨끗하고 정리 정돈되어 있어?

☐ 2. 애완견은 사무실에서 허용될 수 있다.

☐ 3. 새로운 박물관 주말에도 열어?

☐ 4. 너가 좋아하는 책들은 맨 위 책꽂이에 있어?

☐ 5. 회의 일정을 나중으로 변경할 수 있나요?

☐ 6. 이 고객은 매우 내성적이야.

☐ 7. 오늘은 아무것도 하기 귀찮네요.

☐ 8. 나 성격 급해.

3주 차 챌린지의 모범 예문을 확인하세요. 그리고 앞으로 돌아가 우리말만 보고 영어로 말할 수 있는지 재도전해 보시고 입으로 잘 나오지 않은 번호 옆 박스에 ☑표시해 보세요.

1. 너 방 깨끗하고 정리 정돈되어 있어?
   🔊 Is your room clean and tidy?

2. 애완견은 사무실에서 허용될 수 있다.
   🔊 A pet dog can be allowed in the office.

3. 새로운 박물관 주말에도 열어?
   🔊 Will the new museum be open on weekends?

4. 너가 좋아하는 책들은 맨 위 책꽂이에 있어?
   🔊 Are your favorite books on the top shelf?

5. 회의 일정을 나중으로 변경할 수 있나요?
   🔊 Can the meeting be rescheduled for later?

6. 이 고객은 매우 내성적이야.
   🔊 This client is very introverted.

7. 오늘은 아무것도 하기 귀찮네요.
   🔊 I can't be bothered to do anything today.

8. 나 성격 급해.
   🔊 I'm impatient.

tidy	정리 정돈된	within arm's reach	팔이 닿는
allow	허락하다	usual	평범한
museum	박물관	trail	길
be rescheduled	일정을 다시 잡다	careful	조심성 있는
introverted	내성적인	patient	인내심 있는, 환자
bother	신경 쓰다, 애를 쓰다	bogus	가짜의, 엉터리의
impatient	참을성이 없는	tit for that	눈에는 눈, 이에는 이
starving	굶주린	comforting	편안한, 안락한
exhausted	지친	confusing	혼란스러운
drizzling	비가 보슬보슬 내리는	game-changing	판도가 바뀌는
topsy-turvy	뒤죽박죽인, 뒤집어진	prevailing	흔한
Instagrammable	인스타그램에 올릴만한	legit	아주 멋진, 훌륭한
high on	~에 취한	workload	업무량, 작업량
peachy	좋은, 아주 멋진	overwhelming	압도적인
swamped	눈코 뜰 새 없이 바쁜	stunning	아주 멋진, 훌륭한
outrageous	충격적인, 터무니없는	package	소포
top-notch	최고의, 아주 뛰어난	catch up	만나다
unpredictable	예측할 수 없는	mess	엉망인
couch	소파		

표현력 한 방울 더하기

'예쁘다'를 영어로 하면 어떻게 말할 수 있을까요? 'pretty'라고 많은 사람이 말합니다. 하지만 'pretty'는 '예쁘다'가 아닌 **'예쁜'**입니다. 그럼, '예쁘다'는 어떻게 말해야 할까요? 바로 우리가 앞에서 계속 익혀온 영어의 절반, 'be'동사와 'pretty'를 연결하여, **'be pretty'**로 말하면 됩니다.

🧩 단어연결법

I + am + pretty.

"나 예뻐."

🧩 주어 + be 동사 + 형용사 연결해 보기

• 그는 배고파 죽을 지경이야.
He is starving.

• 그들은 건강해?
Are they healthy?

• 우리 지치지 않아.
We're not exhausted.

Check Point!

'예쁜, 추운, 귀여운' 등 이 단어들의 공통점은 무엇일까요? 바로, 받침이 'ㄴ'으로 끝난다는 것입니다. 이런 종류의 단어를 우린 '형용사'라고 부릅니다. 형용사는 명사의 상태를 설명하거나 꾸며주는 역할을 합니다.

🔍 단어연결법 적용 문장 살펴보기

단어연결법을 적용한 문장들을 큰소리로 연습해 보세요.

- 나 괜찮아.
  I'm good.

- 나 속상해.
  I'm upset.

- 너 괜찮아.
  You're good.

- 너 속상해.
  You're upset.

- 그는 괜찮아.
  He is good.

- 그녀는 속상해.
  She's upset.

- 그들은 괜찮아.
  They're good.

- 우리 속상해.
  We're upset.

- 내 핸드폰 꺼졌어.
  My phone is dead.

- 비가 부슬부슬 온다.
  It's drizzling.

✏️💬 단어연결법 적용 문장 영작하기

단어연결법이 적용된 문장들을 1초 만에 **영어**로 바꿔 말해 보세요. (3회 반복)

나 괜찮아. ☐ ☐ ☐

나 속상해. ☐ ☐ ☐

너 괜찮아. ☐ ☐ ☐

너 속상해. ☐ ☐ ☐

그는 괜찮아. ☐ ☐ ☐

그녀는 속상해. ☐ ☐ ☐

그들은 괜찮아. ☐ ☐ ☐

우리 속상해. ☐ ☐ ☐

내 핸드폰 꺼졌어. ☐ ☐ ☐

비가 부슬부슬 온다. ☐ ☐ ☐

단어연결법이 적용된 문장들을 1초 만에 **한글**로 바꿔 말해 보세요. (3회 반복)

I'm good. ☐ ☐ ☐

I'm upset. ☐ ☐ ☐

You're good. ☐ ☐ ☐

You're upset. ☐ ☐ ☐

He is good. ☐ ☐ ☐

She's upset. ☐ ☐ ☐

They're good. ☐ ☐ ☐

We're upset. ☐ ☐ ☐

My phone is dead. ☐ ☐ ☐

It's drizzling. ☐ ☐ ☐

단어연결법 확장 문장 연습하기

배운 문장들을 좀 더 길게 확장해서 말하는 연습을 해봅시다.

- 그는 무슨 꿍꿍이지?
  What's he up to?

- 날씨가 하루아침에 바뀌었다.
  * topsy-turvy 뒤죽박죽인, 뒤집어진
  The weather is topsy-turvy.

- 맛이 저세상 맛이야.
  The taste is out of this world.

- 이 카페 인스타 각이다.
  This café is very Instagrammable.

- 그녀는 파리에 취한다.
  * high on ~에 취한
  She's high on Paris.

- 모든 것이 딱 좋아!
  * peachy 좋은, 아주 멋진
  Everything is peachy.

 Check Point!

'Instagrammable'은 '인스타그램에 올릴만한' 뜻의 신조어로, 'Instagram'과 '~할 수 있는' 뜻의 'able'이 합쳐져서 만들어진 단어입니다.

- 나 진짜 너무 바빠.
  * swamped 눈코 뜰 새 없이 바쁜

I'm super swamped.

- 그녀 옷 진짜 잘 입어.

Her outfit is so on point.

- 끝내준다

It's lit.

- 말도 안 돼.
  * outrageous 충격적인, 터무니없는

This is outrageous.

- 그는 최고야.

He is top-notch.

- 그렇게 하자.

That's fine by me.

Check Point!

'대박, 끝내준다'처럼 어떤 상황, 경험, 물건 등이 굉장히 흥미롭고 좋아 보일 때 또는 즐거운 것을 표현할 때, 'lit'이라는 형용사를 이용해 표현합니다. 포멀한 표현은 아니고 일상에서 캐주얼하게 사용되는 표현입니다.

small talk ❶

앞에서 학습한 내용을 기반으로 묻고 답해보는 연습을 통해 자연스럽게 말할 수 있을 때까지 반복 연습해 봅시다.

😄 **What he's up to?**
걔 무슨 꿍꿍이지?

🦉 **Why? Is there any problem?**
왜? 무슨 문제 있어?

😄 **My phone is dead.**
전화기 꺼졌어.

🦉 **Oh, no. Do you have a charger?**
안돼. 충전기 있어?
* [Oh, no.]는 특별한 의미를 가진 표현이 아닌, '감탄사'처럼 쓰였습니다.

😄 **Look! This brand is currently top-notch**
봐! 이 브랜드 요즘 최고야

🦉 **Yeah, there's something different about the brand.**
맞아, 그 브랜드는 뭔가 좀 달라.

😄 **I'm upset. He's so mean.**
나 속상해. 걔 진짜 나빠.

🦉 **Hey, what's wrong?**
무슨 일이야?

small talk ❷

조금 더 실생활 대화를 살펴볼까요? 보면서 자연스럽게 말할 수 있을 때까지 반복 연습해
봅시다.

This café is Instagrammable.
이 카페 인스타 각이다.

You're right.
너 말이 맞아.

I love the interior and natural lighting.
인테리어랑 자연광이 좋아.

The weather is topsy-turvy.
날씨가 하루아침에 바뀐다.

It was sunny yesterday, but today it's raining.
어제는 해가 나왔는데 오늘은 비가 오네.

Yes, it's so unpredictable.
내 말이, 예상이 안 돼.

Check Point!

'be동사' 과거형은 'was / were(이었다, 있었다)'로 나뉩니다. 'am & is'는 'was', 그리고 'are'는 'were'
로 쓰입니다.

Unit 10　I'm here, and you're there.

'be동사'의 주요 뜻은 **'~이다'**입니다. 여기에 주요 뜻 하나 더 추가하면 **'~에 있다'** 또한 빼놓을 수 없어요. 예를 들어, '여기에 있다'라는 문장을 만들려면 'be here'로 단어를 연결하여 표현하게 됩니다. 그렇다면 '여기 없다'는 어떻게 표현할까요? 눈치채셨나요? 바로, **'be not here'**로 표현하게 됩니다.

단어연결법

"나 여기 있어."

주어 + be 동사 + 위치 / 장소 연결해 보기

- 너 밖에 있어.
  You are outside.

- 그는 여기 없어.
  He is not here.

- 그들 정문에 있어?
  Are they at the gate?

Check Point!

위치를 표현할 때, 꼭 사람만 주어 자리에 올 필요 없어요. 자동차, 열쇠, 핸드폰 등 사물도 주어 자리에 있을 수 있고, ' at, in, on' 등 전치사를 이용해 위치나 장소를 표현할 수 있어요.

🔍 단어연결법 적용 문장 살펴보기

단어연결법을 적용한 문장들을 큰소리로 연습해 보세요.

- 나 너 근처에 있어.
  I'm near you.

- 나 체육관에 있어.
  I'm in the gym.

- 너 그녀 근처에 있어.
  You're near her.

- 너 체육관에 있어.
  You're in the gym.

- 그는 우리 근처에 있어.
  He's near us.

- 그녀는 체육관에 있어.
  She's in the gym.

- 그들은 우리 근처에 있어.
  They're near us.

- 우리는 체육관에 있어.
  We're in the gym.

- Eddie 거의 다 왔어.
  Eddie is almost there.

- Ellen은 가는 중이야.
  Ellen is on her way.

✏️💬 단어연결법 적용 문장 영작하기

단어연결법이 적용된 문장들을 1초 만에 **영어**로 바꿔 말해 보세요. (3회 반복)

나 너 근처에 있어. ☐ ☐ ☐

나 체육관에 있어. ☐ ☐ ☐

너 그녀 근처에 있어. ☐ ☐ ☐

너 체육관에 있어. ☐ ☐ ☐

그는 우리 근처에 있어. ☐ ☐ ☐

그녀는 체육관에 있어. ☐ ☐ ☐

그들은 우리 근처에 있어. ☐ ☐ ☐

우리는 체육관에서 있어. ☐ ☐ ☐

Eddie 거의 다 왔어. ☐ ☐ ☐

Ellen은 가는 중이야. ☐ ☐ ☐

단어연결법이 적용된 문장들을 1초 만에 **한글**로 바꿔 말해 보세요. (3회 반복)

I'm near you.   ☐ ☐ ☐

I'm in the gym.   ☐ ☐ ☐

You're near her.   ☐ ☐ ☐

You're in the gym.   ☐ ☐ ☐

He's near us.   ☐ ☐ ☐

She's in the gym.   ☐ ☐ ☐

They're near us.   ☐ ☐ ☐

We're in the gym.   ☐ ☐ ☐

Eddie is almost there.   ☐ ☐ ☐

Ellen is on her way.   ☐ ☐ ☐

단어연결법 **확장 문장** 연습하기

배운 문장들을 좀 더 길게 확장해서 말하는 연습을 해봅시다.

- TV 리모컨이 팔이 닿는 소파 위에 있어.
  * couch 소파 / within arm's reach 팔이 닿는
  ### The TV remote is on the couch within arm's reach.

- 공원은 길 건너편에 있어.
  ### The park is across the street.

- 너 아직도 회사야?
  ### Are you still at work?

- 매장에서 드실 거예요, 아님 포장이세요?
  ### Is that for here or to go?

- 다녀왔어요.
  ### I'm home.

- 이곳은 뉴욕의 중심입니다.
  ### It's in the heart of New York.

 **Check Point!**

'at'과 'in'은 둘 다 장소 / 위치를 표현할 때 많이 쓰는 전치사입니다. 하지만 'at'과 'in'은 다른 뉘앙스를 보여주고 있습니다. 'at'은 특정 위치나 장소 등 장소 자체를 의미하지만 'in'은 공간의 개념을 보여주고 있습니다. 예를 들어, 'Let's meet in the restaurant.'은 '식당 안에서 보자'의 의미가 담겨 있는 문장이에요.

나 10열 중앙에 있어.

I'm in the center of row 10.

(어찌할지) 고민 중이야.

I'm on the fence.

바로 코앞에 있어.

It's just around the corner.

찾기 쉬운 곳에 있지 않아.

It's not in the usual place.

외진 곳에 있어.

It's in the middle of nowhere.

박물관은 길 끝에 있다.

The museum is at the end of the street.

 small talk ❶

앞에서 학습한 내용을 기반으로 묻고 답해보는 연습을 통해 자연스럽게 말할 수 있을 때까지 반복 연습해 봅시다.

Where are you?
너 어디 있어?

I'm in the center of row 10.
나 10열 중앙에 있어.

Is that for here or to go?
매장에서 드실 거예요, 아님 포장이세요?

I'll have it for here, please.
여기서 먹고 갈게요.

Are you still at work?
너 아직도 사무실이야?

Yes, I have to finish it by today.
응, 나 오늘까지 그거 끝내야 해.

Where is a new hiking trail?
새로운 하이킹 코스 어디에 있어?

It's in the middle of nowhere.
외진 곳에 있어.

 small talk ❷

조금 더 실생활 대화를 살펴볼까요? 보면서 자연스럽게 말할 수 있을 때까지 반복 연습해 봅시다.

I can't find the TV remote anywhere!
나 TV 리모컨 못 찾겠어.

Don't worry. It's on the couch, within arm's reach.
걱정 마. 그거 너 팔 닿는 소파 위에 있어.

Oh, thanks!
고마워!

Excuse me, can you tell me how to get to the museum?
죄송한데, 박물관에 어떻게 가야 하는지 여쭤봐도 될까요?

Of course! The museum is at the end of this street.
당연하죠! 이 거리 끝에 박물관이 있어요.

Oh, great. So I just need to keep walking straight?
잘됐네요. 그럼, 제가 계속 직진하면 될까요?

Check Point!

'Can you tell me how to get to 목적지?' 패턴은 길을 물어볼 때 사용할 수 있는 패턴입니다. '~를 어떻게 가야 할까요?'라는 의미로 사용하실 수 있습니다.

Unit 11 · will과 형용사의 만남

'will, can, should'와 같은 **조동사**와 문장의 악세서리와 같은 **형용사**를 이용해 문장을 조금 더 다양하고 풍부한 의미로 표현할 수 있습니다. '괜찮을 거야'라는 문장은 '~할 것이다'인 'will'과 '괜찮다'인 'be fine'을 연결하여 'will be fine'으로 표현할 수 있습니다.

🧩 단어연결법

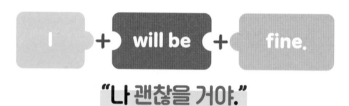

I + will be + fine.

"나 괜찮을 거야."

🧩 주어 + 조동사 + be동사 + 형용사 연결해 보기

- 너 바쁠 수 있어.
  You can be busy.

- 그들 바쁠까?
  Will they be busy?

- 그녀는 바쁠 수 없어.
  She cannot be busy.

 Check Point!

조동사 뒤에 'be동사'는 주어 인칭에 따라 'am, are, is'로 절대 바뀌지 않아요. 무조건 '조동사 + 동사원형'의 연결을 기억하시면 됩니다.

🔍 단어연결법 **적용 문장** 살펴보기

단어연결법을 적용한 문장들을 큰소리로 연습해 보세요.

- 나 조금 더 조심해야 해.
  I should be more careful.

- 나 견뎌야만 해.
  I must be patient.

- 너 늦을 거 같아.
  You might be late.

- 너 견뎌야만 해.
  You must be patient.

- 그는 늦을 거 같아.
  He might be late.

- 그녀는 조금 더 조심해야 해.
  She should be more careful.

- 그들은 조금 늦을 거 같아.
  They might be late.

- 우리는 조금 더 조심해야만 해.
  We should be more careful.

- 엉터리 제보인 거 같아요.
  - bogus 가짜의, 엉터리의
  The tip might be bogus.

- 내 방문은 항상 열려 있을 거야.
  My door will be always open.

🖉💬 단어연결법 적용 문장 영작하기

단어연결법이 적용된 문장들을 1초 만에 **영어**로 바꿔 말해 보세요. (3회 반복)

나 조금 더 조심해야 해. ☐ ☐ ☐

나 견뎌야만 해. ☐ ☐ ☐

너 늦을 거 같아. ☐ ☐ ☐

너 견뎌야만 해. ☐ ☐ ☐

그는 늦을 거 같아. ☐ ☐ ☐

그녀는 조금 더 조심해야 해. ☐ ☐ ☐

그들은 조금 늦을 거 같아. ☐ ☐ ☐

우리는 조금 더 조심해야만 해. ☐ ☐ ☐

엉터리 제보인 거 같아요.
* bogus 가짜의, 엉터리의 ☐ ☐ ☐

내 방문은 항상 열려 있을 거야. ☐ ☐ ☐

단어연결법이 적용된 문장들을 1초 만에 **한글**로 바꿔 말해 보세요. (3회 반복)

I should be more careful. ☐ ☐ ☐

I must be patient. ☐ ☐ ☐

You might be late. ☐ ☐ ☐

You must be patient. ☐ ☐ ☐

He might be late. ☐ ☐ ☐

She should be more careful. ☐ ☐ ☐

They might be late. ☐ ☐ ☐

We should be more careful. ☐ ☐ ☐

The tip might be bogus. ☐ ☐ ☐

My door will be always open. ☐ ☐ ☐

📓 단어연결법 확장 문장 연습하기

배운 문장들을 좀 더 길게 확장해서 말하는 연습을 해봅시다.

- 이보다 더 좋을 순 없다.
  It couldn't be better than this.

- 받은 만큼 똑같이 돌려줄 거야.
  * tit for that 눈에는 눈, 이에는 이
  It'll be tit for that.

- 너 서두르지 않으면, 늦을 거 같은데.
  If you don't hurry, you might be late.

- 따뜻한 차가 위안이 될 거야.
  A warm cup of tea would be comforting.

- 그의 설명은 때때로 혼란스러워.
  * confusing 혼란스러운
  His explanations can be confusing at times.

- 그 순간은 판도가 바뀌는 걸 거야.
  * game-changing 판도가 바뀌는
  The moment would be game-changing.

- 이번 주말까지 끝낼 수 있어요?

Can it be done by this weekend?

- 그녀는 그 회의에 참석할 수 없을 것입니다.

She won't be able to attend the meeting.

- 나 곧 돌아올게.

I'll be right back.

- 다들 그렇게 말할 수 있어.
  - prevailing 흔한

That can be the prevailing opinion.

- 이거 대박일 거야.
  - legit 아주 멋진, 훌륭한

This would be legit.

- 그녀는 그녀 능력에 자신감을 가지는 것이 좋겠다.

She should be confident in her abilities.

 Check Point!

'~할 수 있다'를 나타내는 'can'은 ' be able to'로 바꿔 표현이 가능합니다. 조동사는 뒤에 조동사를 연달아 붙일 수가 없어요. 예를 들어, 'She won't can attend the meeting.'처럼 조동사가 나란히 올 수 없기 때문에 'can'을 'be able to'로 바꿔서 사용해야 해요.

 small talk ❶

앞에서 학습한 내용을 기반으로 묻고 답해보는 연습을 통해 자연스럽게 말할 수 있을 때까지 반복 연습해 봅시다.

Can it be done by this weekend?
이번 주말까지 끝낼 수 있어요?

I'm not sure, but it'll certainly try my best.
확실하지 않지만, 최선을 다해보겠습니다.

The workload seems overwhelming.
업무량이 엄청 많아 보여.

It's true, but the moment would be game-changing for your career.
맞아, 하지만 너 경력에 있어 판도를 바꾸게 될 거야.

If you don't hurry, you might be late.
서두르지 않으면, 너 늦을 거 같은데.

Don't worry. I'll be fast.
걱정 마. 나 빨리 갈게.

Sorry, I might be late.
미안해, 나 늦을 거 같아.

Seriously? You are going to be late again?
장난해? 너 또 늦어?

조금 더 실생활 대화를 살펴볼까요? 보면서 자연스럽게 말할 수 있을 때까지 반복 연습해 봅시다.

I received an email from Sarah.
저 Sarah에게 메일 받았어요.

What did she say?
뭐라고 해요?

She won't be able to attend the meeting.
미팅 참석을 할 수 없다고요.

The weather is perfect today.
오늘 날씨 너무 좋다.

And the ocean looks stunning.
그리고 바다도 너무 이뻐.

It couldn't be better than this.
이보다 더 좋을 순 없어.

Check Point!

Unit 15에서 배울 과거 시제를 표현하는 법입니다. 과거 시제는 보통 '~했었다'로 표현합니다. 또한, 과거 시제는 보통 동사에 '-(e)d'를 붙여 만들어 주는 형태입니다.

Unit 12

I'll be here, you'll be there.

'여기에 있다'는 'be here', '서울에 있다'는 'be in Seoul'입니다. 그러면, **'여기 있을 거야'**는 어떻게 말해야 할까요? 답은 간단합니다. **'be here'** 앞에 '~할 것이다' 인 **'will'**을 연결시켜 주면 '여기 있을 거야'라는 표현이 바로 완성됩니다.

단어연결법

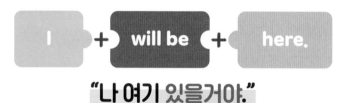

I + will be + here.

"나 여기 있을거야."

주어 + 조동사 + be동사 + 위치 / 장소 연결해 보기

- 너 거기 있을 수 있어?
  Can you be there?

- 그는 집에 있을 거 같아.
  He might be home.

- 그들은 틀림없이 집에 없어.
  They must not be home.

Check Point!

조동사 뒤에 'be동사'는 주어 인칭에 따라 'am, are, is'로 절대 바뀌지 않아요. 무조건 '조동사 + 동사원형'의 연결을 기억하시면 됩니다.

🔍 단어연결법 적용 문장 살펴보기

단어연결법을 적용한 문장들을 큰소리로 연습해 보세요.

- 나 내일 9시까지 사무실에 갈 수 있어.
  I can be at the office by 9 AM tomorrow.

- 나 8시까지 공항에 도착해야만 해.
  I must be at the airport by 8 AM.

- 너 지금 헬스장에서 운동하고 있어야 해.
  You should be at the gym working out right now.

- 너 8시까지 공항에 도착해야만 해.
  You must be at the airport by 8 AM.

- 그는 내일 아침 9시까지 사무실에 갈 수 있어.
  He can be at the office by 9 AM tomorrow.

- 그녀는 지금 헬스장에서 운동하고 있어야 해.
  She should be at the gym working out right now.

- 그들은 내일 9시까지 사무실에 갈 수 있어.
  They can be at the office by 9 AM tomorrow.

- 우리는 지금 헬스장에서 운동하고 있어야 해.
  We should be at the gym working out right now.

- 사무실은 거기 있을 거야.
  The office will be there.

- Ellen은 가는 중이어야만 해.
  Ellen should be on her way.

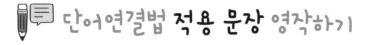

단어연결법 적용 문장 영작하기

단어연결법이 적용된 문장들을 1초 만에 **영어**로 바꿔 말해 보세요. (3회 반복)

나 내일 9시까지 사무실에 갈 수 있어. ☐ ☐ ☐

나 8시까지 공항에 도착해야만 해. ☐ ☐ ☐

너 지금 헬스장에서 운동하고 있어야 해. ☐ ☐ ☐

너 8시까지 공항에 도착해야만 해. ☐ ☐ ☐

그는 내일 아침 9시까지 사무실에 갈 수 있어. ☐ ☐ ☐

그녀는 지금 헬스장에서 운동하고 있어야 해. ☐ ☐ ☐

그들은 내일 9시까지 사무실에 갈 수 있어. ☐ ☐ ☐

우리는 지금 헬스장에서 운동하고 있어야 해. ☐ ☐ ☐

사무실은 거기 있을 거야. ☐ ☐ ☐

Ellen은 가는 중이어야만 해. ☐ ☐ ☐

단어연결법이 적용된 문장들을 1초 만에 **한글**로 바꿔 말해 보세요. (3회 반복)

I can be at the office by 9 AM tomorrow. ☐ ☐ ☐

I must be at the airport by 8 AM. ☐ ☐ ☐

You should be at the gym working out right now. ☐ ☐ ☐

You must be at the airport by 8 AM. ☐ ☐ ☐

He can be at the office by 9 AM tomorrow. ☐ ☐ ☐

She should be at the gym working out right now. ☐ ☐ ☐

They can be at the office by 9 AM tomorrow. ☐ ☐ ☐

We should be at the gym working out right now. ☐ ☐ ☐

The office will be there. ☐ ☐ ☐

Ellen should be on her way. ☐ ☐ ☐

단어연결법 확장 문장 연습하기

배운 문장들을 좀 더 길게 확장해서 말하는 연습을 해봅시다.

- 만약 일을 일찍 끝내면 공원에 있을 수 있어.
  I can be in the park if I finish your work early.

- 나 최근 개봉한 영화 보러 영화관에 있을 거야.
  I will be at the movie theater for the latest film release.

- 회의는 5층 회의실에서 있을 수 있어요.
  The meeting can be at the conference room on the 5th floor.

- 소포는 우편함에 있을지도 몰라.
  The package may be in the mailbox.

- 우리 커피도 마시고 대화도 하려고 카페에 있을 거 같아.
  We may be at the café for coffee and conversation.

- 만약 오늘 박물관이 열린다면 우리 거기 있을 거야.
  We may be at the museum if it's open today.

- 나 오늘 오후에 정원에서 꽃 심을 듯.

  I might be in the garden planting flowers this afternoon.

- 나 비즈니스 회의 때문에 런던에 있을 수 있어.

  I could be in London for a business meeting.

- 너 연구 목적 때문에 도서관에 있어야 해.

  You should be in the library for research purposes.

- 동동, 너는 병원 예약 때문에 거기 있어야만 해.

  동동 should be at the clinic for your doctor's appointment.

- 나 카페에 있으려고 했는데, 오늘 문 닫았네.

  I would be at the café, but it's closed today.

- 그들은 꽃 심으면서 정원에서 있을 거 같아.

  They may be in the garden planting flowers.

Check Point!

'동사'에 '-ing'를 붙여 '현재 진행 중인 동작이나 상태'를 나타내는 방식을 '현재분사'라고 합니다. 보통 문장 안에서 '~하면서, ~할 때, ~때문에'로 해석이 됩니다. Unit 29에서 조금 더 자세히 학습할 수 있으니, 조금만 기다려 주세요.

 small talk ❶

앞에서 학습한 내용을 기반으로 묻고 답해보는 연습을 통해 자연스럽게 말할 수 있을 때까지 반복 연습해 봅시다.

Do you have any plans tonight?
오늘 밤에 계획 있어?

I'll be at the movie theater for the latest film release. How about you?
나 영화관에서 최근 개봉작 보려고. 넌?

I would be at a café, but it's closed today.
카페에 있을까 했는데, 오늘 문 닫았네.

Oh, that's unfortunate. Do you have any other plans for today?
날이 아니네. 오늘 다른 계획 있어?

What time is your departure?
몇 시 출발이야?

It's pretty early. My flight leaves 10 AM, so I must be at the airport by 8 AM.
좀 일찍이야. 10시 비행기라 8시까지는 공항에 도착해야 해.

What do you do this afternoon?
오늘 오후에 뭐 해?

I might be in the garden planting flowers this afternoon.
오늘 오후에 정원에서 꽃 심을 듯.

 small talk ❷

조금 더 실생활 대화를 살펴볼까요? 보면서 자연스럽게 말할 수 있을 때까지 반복 연습해 봅시다.

Are you planning to attend the business conference in London?
너 런던에서 열리는 비즈니스 콘퍼런스 참석할 거야?

Well, I could be in London for a business meeting around that time. I might be able to make it.
음, 나 그때쯤 런던에서 비즈니스 회의 있을 수 있어. 참석할 수 있을 거 같은데.

We should catch up there.
거기서 만나자.

Mom, do you think we could go to the park?
엄마, 공원 가는 거 어때요?

No. 동동, you should be at the clinic for your doctor's appointment.
안돼. 동동, 너 병원 예약 때문에 가야만 해.

No, I don't want to go there.
싫어요, 병원 가고 싶지 않아요.

 Word Point!

catch up 만나다

 원어민 진짜 pattern ③

'keep, help, make' 동사는 일상에서 우리가 자주 사용하는 기본 동사들입니다.
아래 예시 상황을 통해 'keep, help, make'가 어떻게 단어 연결하는지 익숙하게 만들어
봐요.

I need to **keep** my room tidy, but it's such a
mess.
방을 좀 정리된 상태로 유지할 필요가 있는데, 너무 엉망이야.

I can **help** you **make** a cleaning schedule to
keep it organized.
내가 방 청소 일정 만들어서 정리하는 거 도와줄 수 있어.

That would be great! Can you also **help** me
clean up and **make** some space?
좋아! 너 혹시 내가 청소하는 거랑 공간을 좀 만드는 거 도와줄 수 있어?

Of course. I'll be happy to **help** you with
that.
당연하지. 내가 너 도와줄게.

나만의 영어 노트 만들기

4
Weeks
Challenge

 Challenge 도전 주제

1. 현재 시제 이용하여 문장 말하기
2. 현재 진행형 이용하여 문장 말하기
3. 과거 시제 이용하여 문장 말하기
4. 과거 진행형 이용하여 문장 말하기
5. 미래 시제 이용하여 문장 말하기

4주 차 챌린지 문장을 보고 우리말을 영어로 5초 안에 말해보세요.

☐ 1. 그녀는 매일 저녁 책을 읽어요.

☐ 2. 우리는 버스를 기다리고 있었는데 비가 내리기 시작했어요.

☐ 3. 그들은 어제 농구를 했어요.

☐ 4. 나는 다음 여름에 유럽으로 여행할 거예요.

☐ 5. Sarah는 지금 공부하고 있어요.

☐ 6. 그는 보통 7시에 아침 먹어요.

☐ 7. 지난주에 나는 할아버지와 할머니를 방문했어요.

☐ 8. 그녀는 내가 전화했을 때 방을 청소하고 있었어요.

4주 차 챌린지의 모범 예문을 확인하세요. 그리고 앞으로 돌아가 우리말만 보고 영어로 말할 수 있는지 재도전해 보시고 입으로 잘 나오지 않은 번호 옆 박스에 ☑표시해 보세요.

1. 그녀는 매일 저녁 책을 읽어요.

   🔊 She reads a book every evening.

2. 우리는 버스를 기다리고 있었는데 비가 내리기 시작했어요.

   🔊 We were waiting for the bus when it started raining.

3. 그들은 어제 농구를 했어요.

   🔊 They played basketball yesterday.

4. 나는 다음 여름에 유럽으로 여행할 거예요.

   🔊 I will travel to Europe next summer.

5. Sarah는 지금 공부하고 있어요.

   🔊 Sarah is studying right now.

6. 그는 보통 7시에 아침 먹어요.

   🔊 He usually eats breakfast at 7 AM.

7. 지난주에 나는 할아버지와 할머니를 방문했어요.

   🔊 Last week, I visited my grandparents.

8. 그녀는 내가 전화 했을 때 방을 청소하고 있었어요.

   🔊 She was cleaning the room when I called.

poor	좋지 않은	be screwed	큰일 나다, 망하다
eyesight	시력	zone out	멍 때리다
be about to	막 ~하려고 하다	miss	놓치다
take a nap	낮잠 자다	edge	가장자리
be into	~에 관심이 있다, 좋아하다	noisy	소란스러운, 시끄러운
itchy	가려운	play hooky	땡땡이 치다, 무단 결석하다
protect	보호하다	work from home	재택근무하다
vibrant	활기찬, 생기가 넘치는	explore	탐험하다, 여행하다
ice out	따돌리다	deal with	(어떤 문제를) 다루다, 처리하다
bark up the wrong tree	잘못 짚다, 헛다리 짚다	strange	이상한, 낯선
chill	편히 쉬다	lose weight	살을 빼다
bleed	피 흘리다	get in shape	몸매를 가꾸다
charity	자선 단체, 자선	opportunity	기회
competition	경쟁, 대회	scenery	풍경
hit on	~에게 작업을 걸다		

Unit 13 지금 이 순간, 지금 여기

'나 서울에 산다'를 영어로 하면 I live in Seoul.'입니다. 이 문장에서 주의 깊게 봐야 할 것이 바로 **동사 'live'의 형태**입니다. 'live'는 내가 **지금** 어디에 살고 있는 **상태**인지를 보여주고 있습니다. 현재 시제는 **현재 상태, 반복되는 일의 경우**에 사용하게 됩니다.

🧩 단어연결법

"나 서울에 살아."

🧩 주어 + 현재 시제 연결해 보기

• 너는 병원에서 일해.
You work in a hospital.

• 그는 / 그녀는 병원에서 일해.
He / She works in hospital.

• 그들은 병원에서 일 해.
They work in a hospital.

💡 Check Point!

I live in Seoul.

과거   현재   미래

🔍 단어연결법 적용 문장 살펴보기

단어연결법을 적용한 문장들을 큰소리로 연습해 보세요.

- 나 아침 먹는다.
  I eat breakfast in the morning.

- 나 시력 안 좋아.
  I have poor eyesight.

- 너 아침 먹는다.
  You eat breakfast in the morning.

- 너 시력 안 좋아.
  You have poor eyesight.

- 그는 아침 먹는다.
  He eats breakfast in the morning.

- 그녀는 시력 안 좋아.
  She has poor eyesight.

- 그들은 아침 먹는다.
  They eat breakfast in the morning.

- 우리 시력 안 좋아.
  We have poor eyesight.

- Wendy는 너에게 할 말이 있어.
  Wendy has to tell you.

- Yoon은 막 일어나려고 해.
  * be about to 막 ~ 하려고 한다
  Yoon is about to wake up.

단어연결법 적용 문장 영작하기

단어연결법이 적용된 문장들을 1초 만에 **영어**로 바꿔 말해 보세요. (3회 반복)

나 아침 먹는다. ☐ ☐ ☐

나 시력 안 좋아. ☐ ☐ ☐

너 아침 먹는다. ☐ ☐ ☐

너 시력 안 좋아. ☐ ☐ ☐

그는 아침 먹는다. ☐ ☐ ☐

그녀는 시력 안 좋아. ☐ ☐ ☐

그들은 아침 먹는다. ☐ ☐ ☐

우리 시력 안 좋아. ☐ ☐ ☐

Wendy는 너에게 할 말이 있어. ☐ ☐ ☐

Yoon은 막 일어나려고 해. ☐ ☐ ☐
* be about to 막 ~ 하려고 한다

단어연결법이 적용된 문장들을 1초 만에 **한글**로 바꿔 말해 보세요. (3회 반복)

I eat breakfast in the morning.　☐ ☐ ☐

I have poor eyesight.　☐ ☐ ☐

You eat breakfast in the morning.　☐ ☐ ☐

You have poor eyesight.　☐ ☐ ☐

He eats breakfast in the morning.　☐ ☐ ☐

She has poor eyesight.　☐ ☐ ☐

They eat breakfast in the morning.　☐ ☐ ☐

We have poor eyesight.　☐ ☐ ☐

Wendy has to tell you.　☐ ☐ ☐

Yoon is about to wake up.　☐ ☐ ☐

단어연결법 확장 문장 연습하기

배운 문장들을 좀 더 길게 확장해서 말하는 연습을 해봅시다.

- 해는 항상 동쪽에서 뜬다.
  The sun always rises in the east.

- 나 항상 햇빛 아래에서 모자를 써.
  I always wear a hat in the sun.

- 그녀는 정기적으로 그녀의 블로그를 업데이트해.
  She regularly updates her blog.

- 그는 점심 먹고 보통 낮잠 자.
  He usually takes a nap after lunch.

- 석양은 해변가에서 언제나 아름답다.
  The sunset by the beach is always beautiful.

- 나 너 좋아해.
  I'm into you.

 **Check Point!**

반복적인 습관, 현재 상태뿐만 아니라 과학적인 법칙, 변하지 않는 사실, 속담에는 항상 현재 시제를
사용합니다.

- 나 너무 가려워.

  * itchy 가려운

  I feel so itchy.

- 그는 거의 항상 모닝커피를 놓치지 않는다.

  He hardly ever misses his morning coffee.

- 그들은 매주 주말에 축구한다.

  They play football every weekend.

- 말이 쉽지.

  It's easier said than done.

- 그녀는 항상 다정해.

  She is always sweet.

- 해야할 게 너무 많아.

  I have a lot on my plate.

Check Point!

'usually, always, frequently, often, sometimes' 이런 종류를 '빈도부사'라고 합니다. 빈도부사는 동사에 따라 위치하는 곳이 정해져 있습니다. 보통 'be 동사, 조동사' 뒤에, 'Do' 라인 동사 앞에 위치합니다.

0%				100%
never	rarely	sometimes	often	always
전혀	거의 ~않는	때때로	자주	항상

 small talk ❶

앞에서 학습한 내용을 기반으로 묻고 답해보는 연습을 통해 자연스럽게 말할 수 있을 때까지 반복 연습해 봅시다.

You always wear a hat when you're out in the sun, aren't you?
너 햇볕 쬐면 항상 모자 쓰고 다니더라, 그렇지 않아?

Yes. It's one of my routines to protect my skin.
내가 내 피부 지키는 루틴 중 하나야.

I feel so itchy.
나 너무 가려워.

What do you think is making you itchy?
뭐 때문에 가려운 거지?

Do you know that they play football every weekend?
너 걔네 매주 주말에 축구하는 거 알아?

Yes. Absolutely. It's fun way to spend the weekends.
응. 완전히 재미있게 주말을 보내고 있어.

Have you noticed that the sunset is always beautiful?
석양은 늘 아름다운 거 알고 있어?

Sure. They're absolutely stunning with all those vibrant colors.
맞아. 쨍한 색인데, 정말 멋져.

small talk ❷

조금 더 실생활 대화를 살펴볼까요? 보면서 자연스럽게 말할 수 있을 때까지 반복 연습해 봅시다.

I have a lot on my plate.
나 할 일이 너무 많아.

It sounds like you're feeling pretty busy.
너 꽤 바쁜 것 같아.

Right. I'm super swamped, and I need your help.
맞아. 나 진짜 너무 바빠, 나 좀 도와줘.

Does he drink coffee in the morning?
그는 아침에 커피 마셔?

Yes, he hardly ever misses his morning coffee.
응, 모닝커피 거의 빼놓지 않아.

What about weekends?
주말에도?

Check Point!

'Do you know that~?'은 '~라는 것을 알고 있어?'라는 의미입니다. 어떤 사실을 알고 있었는지 물어볼 때 사용합니다. 일반적으로 that 뒤에는 '주어 + 동사' 형태의 문장이 옵니다.

Unit 14 ~하고 있는데

'~하는 중이다'라는 **지금 이 순간 하는 일**을 말하는 형태를 '현재 진행형'이라 부르고, **'be + ~ing'** 구조를 사용합니다. '-ing'는 동사에 붙여서 완성합니다. 예를 들어 ' TV 보는 중이다.'라 말할 땐, 'be watching' 이 됩니다. 이 때, 주의할 점은 **'be'동사가 항상 '동사ing' 앞에 위치**한다는 것 입니다.

🧩 단어연결법

| I | + | am watching | + | TV. |

"나 TV 보는 중이야."

🧩 주어 + be동사 + 동사ing 연결해 보기

- 너는 책을 읽고 있는 중이야.
  You are reading a book.

- 너는 책을 읽는 중이 아니다.
  You are not reading a book.

- 너 책 읽는 중이야?
  Are you reading a book?

💡 Check Point!

현재 진행형을 부정문 또는 의문문으로 만들려고 할 때, 앞에서 학습한 원리를 벗어나지 않습니다. 'be동사' 뒤에 'not'을 붙여서 부정을 표현하고, 'be동사'를 맨 앞으로 이동하여 의문문으로 표현할 수 있습니다.

🔍 단어연결법 적용 문장 살펴보기

단어연결법을 적용한 문장들을 큰소리로 연습해 보세요.

- 나 특별한 저녁 준비하는 중이 아니야.
  I am not preparing a special dinner.

- 나 콘퍼런스 참석 중이야.
  I am attending a conference.

- 너 특별한 저녁 준비하는 중이 아니야.
  You are not preparing a special dinner.

- 너는 콘퍼런스 참석 중이야.
  You are attending a conference.

- 그는 특별한 저녁 준비하는 중이 아니야.
  He is not preparing a special dinner.

- 그녀는 콘퍼런스 참석 중이야.
  She is attending a conference.

- 그들은 특별한 저녁 준비하는 중이 아니야.
  They are not preparing a special dinner.

- 우리는 콘퍼런스 참석 중이야.
  We are attending a conference.

- Jasmin이 날 따돌리고 있어.
  - ice out 따돌리다
  Jasmin is icing me out.

- 그들은 그곳으로 걸어가고 있어.
  They're walking towards there.

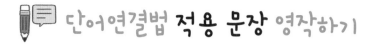

단어연결법 적용 문장 영작하기

단어연결법이 적용된 문장들을 1초 만에 **영어**로 바꿔 말해 보세요. (3회 반복)

나 특별한 저녁 준비하는 중이 아니야. ☐ ☐ ☐

나 콘퍼런스 참석 중이야. ☐ ☐ ☐

너 특별한 저녁 준비하는 중이 아니야. ☐ ☐ ☐

너는 콘퍼런스 참석 중이야. ☐ ☐ ☐

그는 특별한 저녁 준비하는 중이 아니야. ☐ ☐ ☐

그녀는 콘퍼런스 참석 중이야. ☐ ☐ ☐

그들은 특별한 저녁 준비하는 중이 아니야. ☐ ☐ ☐

우리는 콘퍼런스 참석 중이야. ☐ ☐ ☐

Jasmin이 날 따돌리고 있어. ☐ ☐ ☐

그들은 그곳으로 걸어가고 있어. ☐ ☐ ☐

단어연결법이 적용된 문장들을 1초 만에 **한글**로 바꿔 말해 보세요. (3회 반복)

I am not preparing a special dinner. ☐ ☐ ☐

I am attending a conference. ☐ ☐ ☐

You are not preparing a special dinner. ☐ ☐ ☐

You are attending a conference. ☐ ☐ ☐

He is not preparing a special dinner. ☐ ☐ ☐

She is attending a conference. ☐ ☐ ☐

They are not preparing a special dinner. ☐ ☐ ☐

We are attending a conference. ☐ ☐ ☐

Jasmin is icing me out. ☐ ☐ ☐

They're walking towards there. ☐ ☐ ☐

단어연결법 확장 문장 연습하기

배운 문장들을 좀 더 길게 확장해서 말하는 연습을 해봅시다.

- 저 이만 퇴근 할게요.
  I'm leaving for the day.

- 그는 헛다리 짚고 있어요.
  He's barking up the wrong tree.

- 나 집에서 그냥 쉬는 중이야.
  I'm just chilling at home.

- 너 내 말 듣고 있어?
  Are you listening to me?

- 그녀는 지금 뭐 하는 중인가요?
  What is she doing?

- 걔 지금 너에게 거짓말하고 있지 않아?
  Isn't he lying to you?

- 그녀는 왜 피를 흘리고 있지?
  * bleed 피를 흘리다

  Why is she bleeding?

- 나 너에게 그거 돌려주지 않을 거야.

  I am not giving it back to you.

- 어디가? 우리랑 있어.

  Where are you going? Stay with us.

- 나 퇴근하기 전에 이메일 확인하고 있어.

  I am checking my emails before I leave the office.

- 그는 일하는 동안 이어폰으로 음악을 들어.

  He is listening to music on his earphones while he works.

- 무슨 고민 있어?

  What's bothering you?

 Check Point!

지금까지 '현재 진행형'은 말하는 '순간'에 집중해서, 말했지만 사실 '가까운 미래에 확정된 일, 또는 일시적인 행동'의 경우도 'be + -ing' 연결법을 사용하여 표현할 수 있습니다.

 small talk ❶

앞에서 학습한 내용을 기반으로 묻고 답해보는 연습을 통해 자연스럽게 말할 수 있을 때까지 반복 연습해 봅시다.

Are you preparing a special dinner for tonight?
오늘 특별한 저녁 준비하고 있어?

No. We're not preparing that for tonight.
아니. 우리 그런 거 준비하고 있지 않아.

He is listening to music on his earphones while he works.
그는 음악 들으면서 일하더라.

Interesting. Does it help him be better?
재미있네. 그렇게 하면 집중 더 잘 된대?

Isn't he lying to you?
너한테 거짓말하고 있지 않아?

I'm not sure, it might be.
확실하지 않은데, 그런 거 같아.

I'm checking my emails before I leave the office
나 퇴근하기 전에 이메일 확인하고 있어.

Take your time, no rush. I'll be here.
편히 해, 서두르지 마. 나 여기 있을게.

 small talk ❷

조금 더 실생활 대화를 살펴볼까요? 보면서 자연스럽게 말할 수 있을 때까지 반복 연습해
봅시다.

Why is she bleeding?
그녀는 왜 피를 흘리고 있어?

She got a small cut while cooking dinner.
저녁 요리하다가 약간 베었어.

Oh, I see. Is it serious?
아하. 많이 다쳤어?

What's bothering you?
무슨 고민 있어?

Actually, I'm working on a charity event for the local community.
사실, 나 지역 단체를 위한 자선행사 준비 중이야.

That's wonderful. What's the event's main focus?
멋지다. 행사 주제는 뭐야?

Unit 15 행복했었다

'행복했었다'와 같이 **과거형**으로 말하고 싶을 땐, **동사의 모양을 바꾸어서 표현**합니다. 예를 들어, '나 행복해'는 'I'm happy.'이지만, '나 행복**했었다**'는 'I **was** happy.'가 됩니다. 대부분의 동사는 '동사에 '-(e)d'를 붙여 과거형을 만들지만, 예외의 경우도 있습니다. 규칙이 적용되지 않은 동사들은 불규칙 동사라고 하고, 이 동사는 따로 외우는 시간이 필요합니다.

🧩 단어연결법

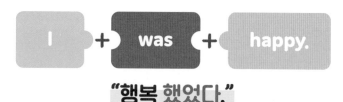

"행복 했었다."

🧩 주어 + 과거 동사 연결해 보기

- 너 파티에서 그녀 만났어?
  Did you meet her at the party?

- 그는 그 대회에서 우승했어.
  He won the competition.

- 날씨가 어제 좋았어.
  The weather was nice yesterday.

💡 Check Point!

'do' 라인 동사들은 부정문, 의문문을 만들 때, 'do'의 과거형인 'did'를 사용하여 만듭니다. 이때, 주의할 점은 'did'가 사용되고 나면 뒤에 나오는 동사는 반드시 '동사원형' 형태로 와야 합니다. 예를 들어, 'You met her at the party.'라는 문장을 의문문으로 바꾸면 'Did you meet her at the party?'가 됩니다.

🔍 단어연결법 적용 문장 살펴보기

단어연결법을 적용한 문장들을 큰소리로 연습해 보세요.

- 나 쇼핑몰에서 옛 친구 만났어.
  I met an old friend at the mall.

- 나 그녀의 생일에 케이크 구웠어.
  I baked a cake for her birthday.

- 너는 쇼핑몰에서 옛 친구 만났어.
  You met an old friend at the mall.

- 너 그녀의 생일에 케이크 구웠잖아.
  You baked a cake for her birthday.

- 그는 쇼핑몰에서 옛 친구 만났어.
  He met an old friend at the mall.

- 그녀는 본인 생일에 케이크 구웠어.
  She baked a cake for her birthday.

- 그들은 쇼핑몰에서 옛 친구를 만났어.
  They met an old friend at the mall.

- 우리는 그녀의 생일에 케이크 구웠어.
  We baked a cake for her birthday.

- Tim이 먼저 날 꼬셨어.
  * hit on ~에게 작업을 걸다
  Tim hit on me first.

- Tiffany는 완전 꿀잠 잤대.
  Tiffany slept like a baby.

✏️💬 단어연결법 적용 문장 영작하기

단어연결법이 적용된 문장들을 1초 만에 **영어**로 바꿔 말해 보세요. (3회 반복)

나 쇼핑몰에서 옛 친구 만났어. ☐ ☐ ☐

나 그녀의 생일에 케이크 구웠어. ☐ ☐ ☐

너는 쇼핑몰에서 옛 친구 만났어. ☐ ☐ ☐

너 그녀의 생일에 케이크 구웠잖아. ☐ ☐ ☐

그는 쇼핑몰에서 옛 친구 만났어. ☐ ☐ ☐

그녀는 본인 생일에 케이크 구웠어. ☐ ☐ ☐

그들은 쇼핑몰에서 옛 친구를 만났어. ☐ ☐ ☐

우리는 그녀의 생일에 케이크 구웠어. ☐ ☐ ☐

Tim이 먼저 날 꼬셨어. ☐ ☐ ☐
* hit on ~에게 작업을 걸다

Tiffany는 완전 꿀잠 잤대. ☐ ☐ ☐

단어연결법이 적용된 문장들을 1초 만에 **한글**로 바꿔 말해 보세요. (3회 반복)

I met an old friend at the mall. ☐ ☐ ☐

I baked a cake for her birthday. ☐ ☐ ☐

You met an old friend at the mall. ☐ ☐ ☐

You baked a cake for her birthday. ☐ ☐ ☐

He met an old friend at the mall. ☐ ☐ ☐

She baked a cake for her birthday. ☐ ☐ ☐

They met an old friend at the mall. ☐ ☐ ☐

We baked a cake for her birthday. ☐ ☐ ☐

Tim hit on me first. ☐ ☐ ☐

Tiffany slept like a baby. ☐ ☐ ☐

단어연결법 확장 문장 연습하기

배운 문장들을 좀 더 길게 확장해서 말하는 연습을 해봅시다.

- 그녀가 1달 전 내 연락 읽고 무시했어.
  She ghosted me a month ago.

- 모든 것이 내 상상에 불과했어.
  I made it all up in my head.

- 너 참교육 당했구나.
  You got schooled.

- 어제는 운이 좋지 않았어.
  Yesterday just wasn't my day.

- 그것 때문에 정말 긴장 많이 했었어.
  I was really on edge about it.

- 넌 망했어.
  You were screwed.

그들은 그 밴드의 팬이 아니기 때문에 그 콘서트 참석하지 않았어.

They didn't attend the concert, as they were not fans of the band.

멍해졌어요.

I zoned out.

나 중요한 뭔가 놓친 것 같았어.

I missed a big something.

Maria는 그녀의 가족 모임에서 요리하지 않았어.

Maria didn't cook a meal for her family's gathering.

John과 Emily는 지난달에 결혼했어?

Did John and Emily get married last month?

우리 같은 편이었어.

We were on the same side.

small talk ❶

앞에서 학습한 내용을 기반으로 묻고 답해보는 연습을 통해 자연스럽게 말할 수 있을 때까지 반복 연습해 봅시다.

She ghosted me a month ago.
그녀가 한 달 전에 내 연락 무시했어.

Sorry to hear that.
이런…. 안됐어.

I zoned out!
나 멍해졌었어!

Why did you zone out?
왜 멍해졌었는데?

Who did you meet at the mall?
쇼핑몰에서 만난 사람 누구야?

I met my old friend.
나 옛 친구 만났어.

I was really on edge about it.
그것 때문에 정말 긴장 많이 했었어.

What was causing you feel that way?
긴장하게 만든 원인이 뭐였어?

 small talk ❷

조금 더 실생활 대화를 살펴볼까요? 보면서 자연스럽게 말할 수 있을 때까지 반복 연습해 봅시다.

Yesterday just wasn't my day.
어제는 운이 좋지 않았어.

What happened?
무슨 일이야?

Well, I woke up late, missed an important meeting, and then got caught in heavy traffic.
늦게 일어났고, 중요한 회의 놓쳤고, 차 엄청 막혔어.

Maria didn't cook a meal for her family's gathering.
Maria는 그녀의 가족 모임에서 요리하지 않았어.

She was so busy, she didn't have time.
너무 바빠서, 시간이 없었나봐.

Yeah, it was a bit disappointing.
뭐, 좀 실망이었어.

Unit 16 뭐 하는 중이었어?

과거의 어느 특정 시점에 이루어지고 있던 행동을 말할 때, 영어는 '**~하는 중이였다**'라는 표현을 사용합니다. 단어 연결은 앞에서 사용했던 'be + -ing' 모양을 그대로 사용하지만, 'be동사'가 현재가 아닌 **과거 시제**로 바뀐다는 점입니다. 'am, is' → 'was', 'are' → 'were'가 됩니다.

🧩 단어연결법

"뭐 하는 중이었어?"

🧩 주어 + be동사 과거형 + 동사ing 연결해 보기

• 나 설거지하는 중이었다.
  I was washing the dishes.

• 그녀는 새로운 로고를 디자인하는 중이었어?
  Was she designing a new logo?

• 그들은 그 문제에 대해 이야기하는 중이 아니었어.
  They were not talking about the issue.

💡 Check Point!

'~하는 중이 아니었어', '~하는 중이었니?'와 같은 표현도 이전에 학습한 동일한 규칙이 적용됩니다.
'be + not + -ing' 연결로 완성되고, 의문문의 경우 'be동사'만 앞으로 위치시켜 연결해 주면 됩니다.

🔍 단어연결법 적용 문장 살펴보기

단어연결법을 적용한 문장들을 큰소리로 연습해 보세요.

- 전기 나갔을 때 TV 보는 중이었다.
  I was watching TV when the power went out.

- 나 오후 내내 도서관에서 공부하는 중이었어.
  I was studying at the library all afternoon.

- 너 전기 나갔을 때 TV 보는 중이었어.
  You were watching TV when the power went out.

- 너는 오후 내내 도서관에서 공부하는 중이었어.
  You were studying at the library all afternoon.

- 그는 전기 나갔을 때 TV 보는 중이었어.
  He was watching TV when the power went out.

- 그녀는 오후 내내 도서관에서 공부하는 중이었다.
  She was studying at the library all afternoon.

- 전기 나갔을 때 그들은 TV 보는 중이었어.
  They were watching TV when the power went out.

- 우리는 오후 내내 도서관에서 공부하는 중이었어.
  We were studying at the library all afternoon.

- Sam은 꾸벅꾸벅 졸고 있었어.
  Sam was dozing off.

- Tom은 그의 엄마를 안고 있었다.
  Tom was hugging his mom.

단어연결법 적용 문장 영작하기

단어연결법이 적용된 문장들을 1초 만에 **영어**로 바꿔 말해 보세요. (3회 반복)

전기 나갔을 때 TV 보는 중이었다. ☐ ☐ ☐

나 오후 내내 도서관에서 공부하는 중이었어. ☐ ☐ ☐

너 전기 나갔을 때 TV 보는 중이었어. ☐ ☐ ☐

너는 오후 내내 도서관에서 공부하는 중이었어. ☐ ☐ ☐

그는 전기 나갔을 때 TV 보는 중이었어. ☐ ☐ ☐

그녀는 오후 내내 도서관에서 공부하는 중이었다. ☐ ☐ ☐

전기 나갔을 때 그들은 TV 보는 중이었어. ☐ ☐ ☐

우리는 오후 내내 도서관에서 공부하는 중이었어. ☐ ☐ ☐

Sam은 꾸벅꾸벅 졸고 있었어. ☐ ☐ ☐

Tom은 그의 엄마를 안고 있었다. ☐ ☐ ☐

단어연결법이 적용된 문장들을 1초 만에 **한글**로 바꿔 말해 보세요. (3회 반복)

I was watching TV when the power went out. ☐ ☐ ☐

I was studying at the library all afternoon. ☐ ☐ ☐

You were watching TV when the power went out. ☐ ☐ ☐

You were studying at the library all afternoon. ☐ ☐ ☐

He was watching TV when the power went out. ☐ ☐ ☐

She was studying at the library all afternoon. ☐ ☐ ☐

They were watching TV when the power went out. ☐ ☐ ☐

We were studying at the library all afternoon. ☐ ☐ ☐

Sam was dozing off. ☐ ☐ ☐

Tom was hugging his mom. ☐ ☐ ☐

단어연결법 **확장 문장** 연습하기

배운 문장들을 좀 더 길게 확장해서 말하는 연습을 해봅시다.

- 시끄러운 이웃 때문에 잠을 잘 수 없었어.
  I wasn't sleeping well because of the noisy neighbors.

- 내가 너한테 전화했을 때 점심 먹는 중이었어?
  Were you eating lunch when I called you?

- 어젯밤에 개가 크게 짖었어?
  Was the dog barking loudly last night?

- 다 제치고 널널하게 살고 있었어.
  * play hooky 땡땡이치다, 무단 결석하다
  I was playing hooky with life.

- 그는 사고가 일어났을 때 운전하던 중이 아니었어.
  He wasn't driving the car when the accident happened.

- 그들은 시험 때문에 함께 공부하는 중이었어?
  Were they studying together for the test?

- 그녀가 너에게 작업을 걸고 있었어.
  She was hitting on you.

- 영국에 얼마나 머물렀어?
  How long were you staying in the UK?

- 우리는 '거절'을 받아들이지 않았어요.
  We were not taking 'no' for an answer.

- 나 재택근무 중이었어.
  I was working from home.

- 그녀는 몇 군데 살펴보는 중이었어.
  She was scoping out some location.

- 그는 잘 적응하는 중이었어.
  He was fitting right in.

 small talk ❶

앞에서 학습한 내용을 기반으로 묻고 답해보는 연습을 통해 자연스럽게 말할 수 있을 때까지 반복 연습해 봅시다.

- Did you hear any unusual noises last night?
  어젯밤에 이상한 소리 들었어?

- Yes, the dog was barking loudly.
  맞아, 개가 크게 짖더라.

- I was working from home.
  나 재택근무 중이었어.

- How was it?
  어땠어?

- What were they doing all afternoon?
  오후 내내 그들 뭐 했대?

- They were studying at the library all afternoon.
  그들 오후 내내 도서관에서 공부하는 중이었대.

- He wasn't driving the car when the accident happened.
  차 사고 났을 때 그는 운전하고 있지 않았어.

- Who was driving the car then?
  그럼, 누가 운전하고 있었는데?

small talk ❷

조금 더 실생활 대화를 살펴볼까요? 보면서 자연스럽게 말할 수 있을 때까지 반복 연습해 봅시다.

How long were you staying in the UK?
영국에 얼마나 머물렀어?

I was there two weeks, visiting for friends and exploring.
2주 동안 있으면서 친구도 만나고 여행했어.

That sounds like a nice trip.
즐거운 여행이었던 것처럼 들려.

I was sleeping well because of the noisy neighbors.
시끄러운 이웃 때문에 잠을 잘 자지 못했어.

That's unfortunate. Your neighbors should be considerate.
안됐어. 너희 옆집은 좀 상대를 생각해야겠다.

I hope so. I should deal with this problem quickly.
나도 그랬으면 좋겠어. 나 이 문제를 빠르게 처리해야 할 듯 해.

explore 탐험하다, 여행하다   deal with (어떤 문제를) 다루다, 처리하다

Unit 17 미래를 말하다

'~할 것이다' 를 말할 때 보통 'will'을 많이 사용하였지만, 이번에는 다른 단어연결법으로 미래를 표현하는 방법을 알아보도록 해요. 바로 'be동사'를 이용하여 미래를 표현할 수 있어요. 'be + going to + 동사원형' 단어 연결로 만들 수 있어요.

🧩 단어연결법

I + am going + to buy + a car.

"나 차 한 대 살 거야."

🧩 주어 + be + going + to 연결해 보기

- 너 여기 있지 않을 거야.
  You're not going to be here.

- 그는 어디로 이사 갈 거야?
  Is he going to move to somewhere?

- 그녀는 다음 주에 새로운 일을 시작할 거야.
  She's going to start a new job next week.

💡 Check Point!

'be going to' 뒤에는 반드시 동사원형으로 연결이 되어야 합니다. 그리고 will과는 뉘앙스 차이가 있어요.

    will ① (방금 막 하기로 하여) ~할 것이다
           ② (내 의지로) ~할 것이다
           ③ (짐작, 추측하여) ~일 것이다
be going to (이미 결심 / 결정되어 계획도 정해진 상태로) ~할 것이다

🔍 단어연결법 적용 문장 살펴보기

단어연결법을 적용한 문장들을 큰소리로 연습해 보세요.

- 나 이번 주말에 할머니 보러 갈 거야.
  I'm going to visit my grandmother this weekend.

- 나 오늘 밤에 영화관에서 영화볼 거야.
  I'm going to watch a movie at the cinema tonight.

- 너 이번 주에 우리 할머니 뵈러 갈 거야.
  You're going to visit my grandmother this weekend.

- 너 오늘 밤에 영화관에서 영화볼 거야.
  You're going to watch a movie at the cinema tonight.

- 그는 이번 주에 우리 할머니 뵈러 갈 거야.
  He is going to visit my grandmother this weekend.

- 그녀는 오늘 밤에 영화관에서 영화볼 거야.
  She's going to start watch a movie at the cinema tonight.

- 그들은 이번 주에 우리 할머니 뵈러 갈 거야.
  They're going to visit my grandmother this weekend.

- 우리는 오늘 밤에 영화관에서 영화볼 거야.
  We're going to watch a movie at the cinema tonight.

- 오늘은 집에서 가만히 쉴까 해.
  I'm going to chill at home today.

- 어마어마할 거예요.
  This is going to be amazing for you.

🖊️💬 단어연결법 적용 문장 영작하기

단어연결법이 적용된 문장들을 1초 만에 **영어**로 바꿔 말해 보세요. (3회 반복)

나 이번 주말에 할머니 보러 갈 거야.   ☐ ☐ ☐

나 오늘 밤에 영화관에서 영화볼 거야.   ☐ ☐ ☐

너 이번 주에 우리 할머니 뵈러 갈 거야.   ☐ ☐ ☐

너 오늘 밤에 영화관에서 영화볼 거야.   ☐ ☐ ☐

그는 이번 주에 우리 할머니 뵈러 갈 거야.   ☐ ☐ ☐

그녀는 오늘 밤에 영화관에서 영화볼 거야.   ☐ ☐ ☐

그들은 이번 주에 우리 할머니 뵈러 갈 거야.   ☐ ☐ ☐

우리는 오늘 밤에 영화관에서 영화볼 거야.   ☐ ☐ ☐

오늘은 집에서 가만히 쉴까 해.   ☐ ☐ ☐

어마어마할 거예요.   ☐ ☐ ☐

단어연결법이 적용된 문장들을 1초 만에 **한글**로 바꿔 말해 보세요. (3회 반복)

I'm going to visit my grandmother this weekend. ☐ ☐ ☐

I'm going to watch a movie at the cinema tonight. ☐ ☐ ☐

You're going to visit my grandmother this weekend. ☐ ☐ ☐

You're going to watch a movie at the cinema tonight. ☐ ☐ ☐

He is going to visit my grandmother this weekend. ☐ ☐ ☐

She's going to watch a movie at the cinema tonight. ☐ ☐ ☐

They're going to visit my grandmother this weekend. ☐ ☐ ☐

We're going to watch a movie at the cinema tonight. ☐ ☐ ☐

I'm going to chill at home today. ☐ ☐ ☐

This is going to be amazing for you. ☐ ☐ ☐

단어연결법 확장 문장 연습하기

배운 문장들을 좀 더 길게 확장해서 말하는 연습을 해봅시다.

- 그들은 그들 뒷마당에 예쁜 정원 만들 거야.
  They are going to plant a beautiful garden in their backyard.

- 재미없을 것 같은데.
  It's not going to be fun.

- 이상하게 들릴 거예요.
  This is going to sound strange.

- 나 살 뺄 거야.
  I'm going to lose some weight.

- 10분 정도 걸린다는 건가요?
  Is it going to take about 10 minutes?

- 지루하겠다.
  This is going to be boring.

- 나 이번 주말에 릴렉스 스파 데이로 나에게 선물 줄 거야.
  I'm going to reward myself with a relaxing spa day this weekend.

- 나 틀림없이 놀랄 거야.

  I'm definitely going to be surprised.

- 이번 주말에 더울까?

  Is it going to be hot this weekend?

- 나 예쁘게 몸매 만들 거야.

  I'm going to get in shape.

- 올해 겨울에 산에 눈이 올까요?

  Is it going to snow in the mountains this winter?

- 그들은 다른 도시로 이사할 계획인가요?

  Are they going to move to a different city?

- 저 이 사무실에서 일할 예정입니다.

  I'm going to be working in this office.

 Check Point!

'be going to'에서 'not'의 위치는 'be'와 'going' 사이에 위치하여 '아니다'의 의미를 연결해 줍니다.

 small talk ①

앞에서 학습한 내용을 기반으로 묻고 답해보는 연습을 통해 자연스럽게 말할 수 있을 때까지 반복 연습해 봅시다.

I'm going to reward myself with a relaxing spa day this weekend.
나 이번 주말에 릴렉스 스파 데이로 나에게 선물 줄 거야.

That sounds like a great idea! What treatments are you planning to get?
아주 좋아! 어떤 종류로 받을 거야?

Is it going to snow in the mountains this winter?
이번 겨울에 산에 눈이 올까요?

I heard there's a change of heavy snowfall this year.
올해 눈 많이 내릴 가능성이 있다고 들었어요.

He's going to watch a movie at the cinema tonight.
오늘 밤에 영화관에서 걔 영화 볼 거래.

Do you know which movie he's going to see?
어떤 영화 보는 줄 알아?

Is he going to finish the project on time?
그는 정해진 기간에 맞춰 프로젝트 끝낼 수 있는 건가요?

I'm not sure. He's been working hard, but there's still a lot left to do.
저도 잘 모르겠습니다. 그는 열심히 일하고 있는데 할 일이 여전히 많이 있어요.

 small talk ❷

조금 더 실생활 대화를 살펴볼까요? 보면서 자연스럽게 말할 수 있을 때까지 반복 연습해 봅시다.

Are they going to move to a different city?
그들 다른 도시로 이사 갈 예정이야?

I'm not sure, but I heard they were considering it.
Do you know why?
확실하지 않지만, 그렇게 하려고 고려 중이라고 들었어. 이유를 알아?

They mentioned job opportunities and a change of scenery as reasons.
직업 기회도 말했고 주변 환경도 변화하려 한다고.

Is it going to be hot this weekend?
이번 주말에 더울까?

I checked the weather forecast, and it looks like it's going to be quite warm.
날씨 예보 확인했고 날씨 꽤 따뜻할 거래.

That's great! I was hoping for some good weather to spend time outdoors.
좋았어! 밖에서 시간 보내고 싶어서 날씨 좋기를 바라던 중이었어.

원어민 진짜 pattern ❹

'알게 된다, 보게 된다, 이해하게 된다'처럼 '~하게 된다'는 어떻게 표현할까요? 너무나 간단하게 표현 가능합니다. 바로 **'get to (~하게 된다)'**를 이용하면 쉽게 표현 할 수 있습니다. 주의할 점은 바로 **'to + 동사원형'** 연결이라는 것입니다.

It was good to get to see you.
보게 되어서 좋았어.

Yes, it was really nice to see you too! How have you been?
나도, 봐서 너무 좋았어. 요즘 어떻게 지내?

그럼, 이번에는 '나 너무 많이 먹는 경향이 있어'라는 말은 어떻게 표현할 수 있을 까요? 바로 **'tend to + 동사원형'**을 활용하면 아주 쉽게 만들 수 있습니다. '~하는 경향이 있다'는 **'tend to + 동사원형'**으로 나타냅니다.

I tend to eat too much.
나 너무 많이 먹는 경향이 있어.

It's important to be mindful of our eating habits.
식습관을 주의 깊게 관리하는 거 중요해.

나만의 영어 노트 만들기

5
Weeks
Challenge

5주 차 챌린지 문장을 보고 우리말을 영어로 5초 안에 말해보세요.

- ☐ 1. 그것은 마침내 지난 화요일에 완료되었습니다.

- ☐ 2. 컴퓨터 다 쓴 거야?

- ☐ 3. 건설 과정은 철저하게 문서화되었습니다.

- ☐ 4. 나 너에게서 헤어날 수가 없어.

- ☐ 5. 그들이 도착했을 때쯤, 그 영화는 이미 시작했었다.

- ☐ 6. 그 프로젝트는 자원 부족으로 지연되고 있었다.

- ☐ 7. 나 인사하러 갈게.

- ☐ 8. 방문자들은 작품과 상호 작용하도록 장려됩니다.

5주 차 챌린지의 모범 예문을 확인하세요. 그리고 앞으로 돌아가 우리말만 보고 영어로 말할 수 있는지 재도전해 보시고 입으로 잘 나오지 않은 번호 옆 박스에 ☑표시해 보세요.

1. 그것은 마침내 지난 화요일에 완료되었습니다.
   🔊 It was finally completed last Tuesday.

2. 컴퓨터 다 쓴 거야?
   🔊 Are you done with the computer?

3. 건설 과정은 문서화되었습니다.
   🔊 The construction process has been documented.

4. 나 너에게서 헤어날 수가 없어.
   🔊 I have never been more attracted to you.

5. 그들이 도착했을 때쯤, 그 영화는 이미 시작했었다.
   🔊 By the time they arrived, the movie had already started.

6. 그 프로젝트는 자원 부족으로 지연되고 있었다.
   🔊 The project was delayed due to a shortage of resources.

7. 나 인사하러 갈게.
   🔊 I'm down for saying hello.

8. 방문자들은 작품과 상호 작용하도록 장려됩니다.
   🔊 Visitors are encouraged to engage with the artwork.

Words Preview

construction	건설	be afraid of	~을 두려워하다
process	과정	take control of	~을 지배하다
attract	끌어당긴다	charge	요금, 청구하다, 기소하다
delay	지연하다, 미루다	murder	살인죄
shortage	부족	head to	~로 향하다
resource	자원	collaborate	협업하다
be down for	~하고 싶다	violence	폭력
encourage	격려하다	exhibition	전시회
engage	관계를 맺다, 참가하다	crave for	~을 갈망하다, ~을 간절히 원하다
swamp	(일이) 넘쳐 나다	apply	지원하다, 신청하다
volunteer	자원봉사로 하다	big	중요한
by the time	그때까지, ~할 때쯤	presentation	발표
inconvenient	불편한	turn	순서, 차례
neatly	깔끔하게	garage	차고
press	누르다, 압박하다	repair	수리
by mistake	실수로	register	등록하다
submit	제출하다	in advance	우선, 미리
deliver	배달하다	generosity	너그러움
be cooped up	틀어박혀 있다, 갇혀 있다.		

Unit 18 쭉! 해왔다

과거를 설명할 때, 보통 '과거 시제'만 사용합니다. **만약 과거 일이 현재까지 영향을 줄 때는 'have + p.p. (현재 완료)를 사용하여 표현**합니다. 'A taxi arrived.'와 'A taxi has arrived.'는 문장 의미 차이가 있습니다. 앞에 나온 문장은 택시가 도착했지만, 현재에도 있는지는 모릅니다. 반대로 'A taxi has arrived.'는 택시가 도착했고 현재도 도착한 택시가 있다는 뉘앙스를 가지고 있습니다. 게다가 현재 완료에는 '~해 본 적 있다'는 경험의 의미도 가지고 있습니다.

🧩 단어연결법

"택시가 도착했다."

🧩 주어 + have / has + p.p. 연결해 보기

- 나 집 전체 청소했어.
  I have cleaned the entire house.

- 그는 점심 막 먹었어.
  He has just eaten lunch.

- 그녀는 전에 그 영화 본 적 있어.
  She has seen that movie before.

현재 완료는 주로 for(~동안), since(~이후로)와 많이 사용됩니다.

🔍 단어연결법 적용 문장 살펴보기

단어연결법을 적용한 문장들을 큰소리로 연습해 보세요.

- 나 막 일어났어.
  I have just woken up.

- 나 많은 나라를 여행해 왔어.
  I have traveled to many countries.

- 너는 막 일어났다.
  You have just woken up.

- 너는 많은 나라를 여행해 왔다.
  You have traveled to many countries.

- 그는 이제 막 일어났어.
  He has just woken up.

- 그녀는 많은 나라를 여행해 왔다.
  She has traveled to many countries.

- 그들은 이제 막 일어났다.
  They have just woken up.

- 우리는 많은 나라를 여행해 왔다.
  We have traveled to many countries.

- Grace는 회사에서 정신없이 바빴어.
  * swamp (일이) 넘쳐나다
  Grace has just been swamped at work.

- 우리 딸은 5살 이후로 이 책을 좋아해 왔어.
  My daughter has loved this book since she was 5 years old.

단어연결법 적용 문장 영작하기

단어연결법이 적용된 문장들을 1초 만에 **영어**로 바꿔 말해 보세요. (3회 반복)

나 막 일어났어. ☐ ☐ ☐

나 많은 나라를 여행해 왔어. ☐ ☐ ☐

너는 막 일어났다. ☐ ☐ ☐

너는 많은 나라를 여행해 왔다. ☐ ☐ ☐

그는 이제 막 일어났어. ☐ ☐ ☐

그녀는 많은 나라를 여행해 왔다. ☐ ☐ ☐

그들은 이제 막 일어났다. ☐ ☐ ☐

우리는 많은 나라를 여행해 왔다. ☐ ☐ ☐

Grace는 회사에서 정신없이 바빴어. ☐ ☐ ☐
* swamp (일이) 넘쳐난다

우리 딸은 5살 이후로 이 책을 좋아해왔어. ☐ ☐ ☐

단어연결법이 적용된 문장들을 1초 만에 **한글**로 바꿔 말해 보세요. (3회 반복)

I have just woken up. ☐ ☐ ☐

I have traveled to many countries. ☐ ☐ ☐

You have just woken up. ☐ ☐ ☐

You have traveled to many countries. ☐ ☐ ☐

He has just woken up. ☐ ☐ ☐

She has traveled to many countries. ☐ ☐ ☐

They have just woken up. ☐ ☐ ☐

We have traveled to many countries. ☐ ☐ ☐

Grace has just been swamped at work. ☐ ☐ ☐

My daughter has loved this book since she was
5 years old. ☐ ☐ ☐

단어연결법 확장 문장 연습하기

배운 문장들을 좀 더 길게 확장해서 말하는 연습을 해봅시다.

- 나 막 내가 좋아하는 시리즈 최신판 몰아서 봤어.
  I've just binge-watched the latest season of my favorite series.

- 너 채식주의 식단 시도해 본 적 있어?
  Have you ever tried a vegan diet?

- 그들은 함께 팟캐스트를 시작했어.
  They've started a podcast together.

- 그녀는 이제 막 온라인 옷 쇼핑몰을 열었어.
  She's just launched her own online clothing store.

- 귀여운 강아지 바이럴 영상 본 적 있어?
  Have you seen the viral video about the cute dog?

- 그들은 아파트 전체 수리했어.
  They've redecorated their entire apartment.

Check Point!

'~해 오다, 해 본 적 있다, 이제 막 ~했다'의 의미를 조금 더 잘 살려 주기 위해서 'since, just, ever'와 같은 표현을 사용합니다. 그리고 '~해 본 적 있어?'라는 경험을 물어볼 때, 'Have you (ever) p.p.~?'를 이용하여 표현할 수 있습니다.

- 그는 요리에 관한 유튜브 채널을 시작했어.

  He's started a YouTube channel about cooking.

- 새로운 음식 배달 앱 해봤어?

  Have you tried any new food delivery apps?

- 나 아직 스카이다이빙 해 본 적 없어.

  I haven't tried skydiving yet.

- 그는 몇 년 동안 폰 업그레이드하지 않았어.

  He hasn't upgraded his phone for years.

- 그녀는 라테 아트 기술을 완벽하게 만들었어.

  She's perfected her latte art skills.

- 나 지역 동물 보호소에서 자원봉사를 했어.

  I've volunteered at the local animal shelter.

Check Point!

'~해 오고 있다.'를 표현하는 문장에서 주어가 'He has, She has'일 때는 줄여서 'He's, She's'로 많이 사용합니다. 이때는 be동사가 아닌 'has'가 사용된 것에 유의하세요.

 small talk ❶

앞에서 학습한 내용을 기반으로 묻고 답해보는 연습을 통해 자연스럽게 말할 수 있을 때까지 반복 연습해 봅시다.

I've volunteered at the local animal shelter.
나 지역 동물 보호소에서 자원봉사를 했어.

Have you ever considered volunteering at a homeless shelter?
노숙자 쉼터에서 자원봉사 하는 것 생각해 본 적 있어?

Have you tried any new food delivery apps?
너 새로 나온 배달 앱 써봤어?

How was them?
그거 어땠어?

Have you ever heard the news? They've started a podcast together.
너 그 소식 들었어? 걔네 둘이 팟캐스트 시작했다더라.

What's the podcast about?
뭐에 대한 거래?

What did you do this weekend?
이번 주말에 뭐 했어?

I've just binge-watched the latest season of my favorite series.
나 좋아하는 시리즈 최신판 이제 막 몰아 봤어.

 small talk ❷

조금 더 실생활 대화를 살펴볼까요? 보면서 자연스럽게 말할 수 있을 때까지 반복 연습해
봅시다.

Have you seen the viral video about the cute dog?
귀여운 강아지 바이럴 영상 봤어요?

Yes, I watched it yesterday. It was adorable!
네, 저 어제 봤어요. 너무 귀엽더라고요.

**Is it done? Do you have any ideas based on the
video relating to our new project?**
끝인가요? 그 영상에서 우리 새 프로젝트와 관련한 아이디어 있어요?

She's perfected her latte art skills.
그녀는 라테 아트 기술이 완벽해졌어.

That's impressive! How did she manage to do that?
엄청나! 그거 어떻게 한 거야?

**She attended a barista training course for several
months.**
몇 달 동안 바리스타 교육 받았잖아.

Unit 19 과거에도 순서가 있다

과거의 일을 표현할 때 우리는 '과거 시제'를 사용합니다. 만약 2개 이상의 과거의 일을 표현할 때는 어떻게 해야 할까요? 두 개의 일 중 먼저 일어난 사건의 경우 우리는 **과거 완료 시제, 'had + p.p.'**를 이용하여 표현하게 됩니다. 나중에 일어난 일은 '과거 시제'로 표현합니다.

단어연결법

I + had been + there once.

"나 거기 한 번 가본 적 있어."

주어 + had + p.p. 연결해 보기

- 그녀는 저녁 요리하기 전에 식자재를 사 왔다.
  She had bought groceries before cooking dinner.

- 그는 헬스장 가기 전에 샤워했다.
  He had taken a shower before going to the gym.

- 그들은 저녁 요리하기 전에 부엌을 청소했다.
  They had cleaned the kitchen before cooking dinner.

Check Point!

보통 사건의 순서가 명확하게 나타날 경우, 과거 완료가 아닌 '과거 시제'를 쓰기도 합니다.

🔍 단어연결법 **적용 문장** 살펴보기

단어연결법을 적용한 문장들을 큰소리로 연습해 보세요.

- 나 출근 전에 아침 먹었어.
  I had eaten breakfast before going to work.

- 내가 집에 지갑을 두고 왔다는 것을 깨달았다.
  I realized I had forgotten my wallet at home.

- 너 출근 전에 아침 먹었어.
  You had eaten breakfast before going to work.

- 너는 집에 지갑을 두고 왔다는 것을 깨달았다.
  You realized you had forgotten your wallet at home.

- 그는 출근 전에 아침 먹었어.
  He had eaten breakfast before going to work.

- 그녀는 집에 지갑을 두고 왔다는 것을 깨달았다.
  She realized she had forgotten her wallet at home.

- 그들은 출근 전에 아침 먹었어.
  They had eaten breakfast before going to work.

- 우리는 집에 지갑을 두고 왔다는 것을 깨달았다.
  We realized we had forgotten our wallet at home.

단어연결법 적용 문장 영작하기

단어연결법이 적용된 문장들을 1초 만에 **영어**로 바꿔 말해 보세요. (3회 반복)

나 출근 전에 아침 먹었어. ☐ ☐ ☐

내가 집에 지갑을 두고 왔다는 것을 깨달았다. ☐ ☐ ☐

너 출근 전에 아침 먹었어. ☐ ☐ ☐

너는 집에 지갑을 두고 왔다는 것을 깨달았다. ☐ ☐ ☐

그는 출근 전에 아침 먹었어. ☐ ☐ ☐

그녀는 집에 지갑을 두고 왔다는 것을 깨달았다. ☐ ☐ ☐

그들은 출근 전에 아침 먹었어. ☐ ☐ ☐

우리는 집에 지갑을 두고 왔다는 것을 깨달았다. ☐ ☐ ☐

단어연결법이 적용된 문장들을 1초 만에 **한글**로 바꿔 말해 보세요. (3회 반복)

I had eaten breakfast before going to work.

I realized I had forgotten my wallet at home.

You had eaten breakfast before going to work.

You realized you had forgotten your wallet at home.

He had eaten breakfast before going to work.

She realized she had forgotten her wallet at home.

They had eaten breakfast before going to work.

We realized we had forgotten our wallet at home.

📓 단어연결법 확장 문장 연습하기

배운 문장들을 좀 더 길게 확장해서 말하는 연습을 해봅시다.

- 영화 시작 전에, 나 이미 팝콘 샀어.
  Before the movie started, I had already bought popcorn.

- 내가 역에 도착했을 때쯤, 지하철은 이미 떠났어.
  By the time I arrived at the station, the subway had already left.

- 그녀는 핸드폰을 집에 두고 왔음을 알았다.
  She realized she had left her phone at home.

- 그는 어려운 시험 전에 수 시간 동안 공부했어.
  He had studied for hours before taking a difficult exam.

- 파티가 끝날 때쯤, 그들은 수 시간 동안 이미 춤췄어.
  By the time the party ended, they had already danced for hours.

- 나 퇴근 전에 내 일 끝냈어.
  I had finished my work before leaving the office.

- 나 일 끝낸 후, 산책 했어.

  After I had finished my work, I went out for a walk.

- 나 지난주에 친구가 태국 음식 소개해 줄 때까지 먹어 본 적이 없었어.

  I never tasted Thai food until my friend introduced me to it last week.

- 그들은 파티 전에 서로 만난 적 없어.

  They hadn't met each other before the party.

- 그는 여러 해 동안 할아버지와 할머니를 방문하지 않았다.

  He hadn't visited his grandparents in years.

- 그녀는 회의 전에 일을 끝냈나요?

  Had she finished her work before the meeting?

- 그들은 최근 여행에 아시아에 간 적이 있나요?

  Had they ever been to Asia on their recent trip?

 **Word Point!**

by the time ~할 때쯤

 small talk ❶

앞에서 학습한 내용을 기반으로 묻고 답해보는 연습을 통해 자연스럽게 말할 수 있을 때까지 반복 연습해 봅시다.

He hadn't visited his grandparents in years.
걔는 여러 해 동안 할아버지와 할머니를 방문하지 않았어.

Did he finally get a chance to see them recently?
걔 최근에 그분들 뵈러 갈 기회 마침내 얻었어?

By the time I arrived at the station, the subway had already left.
내가 역에 도착할 때쯤, 지하철은 이미 가버렸어.

Oh no, that's unfortunate. How did you get there, then?
일이 꼬이네. 그래서 목적지까지 어떻게 갔어?

What did you do after finishing your work?
너 일 끝나고 뭐 했어?

After I had finished my work, I went out for a walk.
나 일 끝나고, 산책하러 갔어.

Had they ever met each other before the party?
걔네 파티 전에 서로 만난 적 있어?

They hadn't met each other before the party.
파티 전에 서로 만난 적 없어.

 small talk ❷

조금 더 실생활 대화를 살펴볼까요? 보면서 자연스럽게 말할 수 있을 때까지 반복 연습해 봅시다.

She realized she had left her phone.
핸드폰 두고 왔다고 하더라.

Oh no, that must have been inconvenient.
Where did she leave it?
안돼! 어디에다 두고 왔대?

She left it at her home.
집에 두고 왔대.

They had finished their meal when the waiter brought the dessert.
웨이터가 디저트 가져다주기도 전에 식사를 끝냈더라.

That's interesting! What did they do when the dessert arrived?
대단하다! 디저트 나올 때까지 뭐 하고 있었대?

They decided to share the dessert because they were already full.
배가 이미 너무 불러서 디저트 나눠 먹자고 그거 결정했대.

마리오네트 수동 표현

'이 책은 그 사람이 썼어'라는 말을 영어로 어떻게 할까요? 혹시 'This book writes him.' 이렇게 생각하셨나요? 책은 스스로 쓸 수가 없습니다. 즉, 누군가 쓰는 행동을 해줘야 하지요. 이렇듯 주어가 스스로 하는 것이 아니라 **누군가에 의해 행해지는 것을 '수동태'라고 표현**합니다. 수동태는 **'be + p.p.'**를 사용합니다. 그럼 '이 책은 그 사람이 썼어' 문장을 다시 만들어 보면, 'This book **is written by** him.'으로 연결할 수 있습니다.

단어연결법

This book + is written by + him.

"이 책 그가 썼어."

주어 + be동사 + p.p. + by 연결해 보기

- 그 책은 그녀에 의해 쓰여졌다.
  The book was written by her.

- 새로운 집은 내가 짓는 중이다.
  A new house is built by me.

- 차가 그들에 의해 수리 되었다.
  The car was fixed by them.

Check Point!

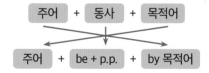

주어 + 동사 + 목적어

주어 + be + p.p. + by 목적어

🔍 단어연결법 적용 문장 살펴보기

단어연결법을 적용한 문장들을 큰소리로 연습해 보세요.

- 그 공은 내가 찼다.
  The ball was kicked by me.

- 그 개는 제게 입양되었습니다.
  The dog was adopted by me.

- 그 공은 너가 찼다.
  The ball was kicked by you.

- 그 개는 너가 입양했구나.
  The dog was adopted by you.

- 그 공은 그가 찼다.
  The ball was kicked by him.

- 그녀가 그 개를 입양했구나
  The dog was adopted by her.

- 그 공은 우리가 찼다.
  The ball was kicked by us.

- 그 개는 우리가 입양했다.
  The dog was adopted by us.

- 저희 벌 받는 건가요?
  Are we being punished for something?

- 저흰 아직 말할 준비가 안 됐으니까요.
  We weren't prepared to mention it yet.

🖊️💬 단어연결법 적용 문장 영작하기

단어연결법이 적용된 문장들을 1초 만에 **영어**로 바꿔 말해 보세요. (3회 반복)

그 공은 내가 찼다. ☐ ☐ ☐

그 개는 제게 입양되었습니다. ☐ ☐ ☐

그 공은 너가 찼다. ☐ ☐ ☐

그 개는 너가 입양했구나. ☐ ☐ ☐

그 공은 그가 찼다. ☐ ☐ ☐

그녀가 그 개를 입양했구나 ☐ ☐ ☐

그 공은 우리가 찼다. ☐ ☐ ☐

그 개는 우리가 입양했다. ☐ ☐ ☐

저희 벌 받는 건가요? ☐ ☐ ☐

저흰 아직 말할 준비가 안 됐으니까요. ☐ ☐ ☐

단어연결법이 적용된 문장들을 1초 만에 **한글**로 바꿔 말해 보세요. (3회 반복)

The ball was kicked by me. ☐ ☐ ☐

The dog was adopted by me. ☐ ☐ ☐

The ball was kicked by you. ☐ ☐ ☐

The dog was adopted by you. ☐ ☐ ☐

The ball was kicked by him. ☐ ☐ ☐

The dog was adopted by her. ☐ ☐ ☐

The ball was kicked by us. ☐ ☐ ☐

The dog was adopted by us. ☐ ☐ ☐

Are we being punished for something? ☐ ☐ ☐

We weren't prepared to mention it yet. ☐ ☐ ☐

단어연결법 확장 문장 연습하기

배운 문장들을 좀 더 길게 확장해서 말하는 연습을 해봅시다.

- 시계 알람이 아침 6시로 설정되었어.
  The alarm clock was set for 6:00 AM.

- 오늘은 아무것도 하기 싫어.
  I can't be bothered to do anything today.

- 침구류가 깔끔하게 정돈되었다.
  The beds were made neatly.

- 우리는 시간이 촉박해요.
  We are pressed for time.

- 이 편은 시원스쿨에서 후원받았습니다.
  This episode is sponsored by Siwon School.

- 토스트가 실수로 탔어요.
  The toast was burnt by mistake.

- 피자는 30분 이내에 배달 되었다.
  The pizza was delivered in under 30 minutes.

- 그는 하루 종일 갇혀 있어.
  He's cooped up all day.

- 그 길은 건설 작업 때문에 통제된다.
  The rad was blocked due to construction work.

- 그녀는 일이 너무 많아요.
  She's swamped with work.

- 모든 손님이 그 파티를 즐겼다.
  The party was enjoyed by all guests.

- 나중에 제가 답변드릴 이메일입니다.
  The email will be replied to by me later.

 **Word Point!**

be cooped up 틀어박혀 있다, 갇혀 있다

 small talk ❶

앞에서 학습한 내용을 기반으로 묻고 답해보는 연습을 통해 자연스럽게 말할 수 있을 때까지 반복 연습해 봅시다.

Did you hear that noise this morning?
아침에 요란한 소리 들었어?

Yes, I did. The alarm clock was set for 6:00 AM.
응, 들었어. 내가 아침 6시에 알람 맞춰 놓은 거였어.

Did you see that urgent email from the client?
거래처에서 온 긴급 메일 봤어요?

Yes, I did. The email will be replied to by me later.
네, 확인했습니다. 제가 나중에 회신할 이메일입니다.

Uh-oh, what happened to the toast?
어라, 토스트 무슨 일이지?

I'm sorry, I got distracted, and the toast was burnt by mistake.
미안해, 내가 정신을 딴 데 둬서 토스트가 실수로 탔어.

Have you heard about the traffic situation today?
오늘 교통 상황 이야기 들었어?

Yes, I did. The road was blocked due to construction work.
응, 들었어. 도로가 건설 작업 때문에 통제된대.

small talk ❷

조금 더 실생활 대화를 살펴볼까요? 보면서 자연스럽게 말할 수 있을 때까지 반복 연습해 봅시다.

I heard he's cooped up all day.
나 걔 하루 종일 갇혀 있었다고 들었어.

Yeah, he's been working from home.
맞아, 걔 재택근무 중이야.

That can be tough.
빡세다.

Should we reach out to Emily?
Emily에게 연락 해볼까?

She's swamped with work.
걔 일이 너무 많아.

I understand. How about sending her a brief message to show our support?
그러게. 응원 문자 짧게 남겨놓을까?

Unit 21 나의 위치는 바로 여기

'with, of, to' 같은 종류는 보통 **전치사**라고 부릅니다. 전치사는 '**명사 앞에 온다**'라는 의미로 붙여진 이름입니다. 우리 한국 사람들에게 참 어려운 개념 중의 하나인 전치사, 각각 어떻게 쓰이는지 다양한 예문을 통해 확인하실 수 있어요.

🧩 단어연결법

"나 너와 걸어."

🧩 전치사 + 명사 연결해 보기

• 나 친구들과 공원에 갈 거야.
I'm going to the park with my friends.

• 그녀는 거미를 무서워해.
She is afraid of spiders.

• 그들은 노을을 보기 위해 해변으로 걸어갔다.
They walked to the beach to watch the sunset.

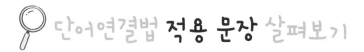

단어연결법을 적용한 문장들을 큰소리로 연습해 보세요.

- 나 내 운동 친구와 헬스장 갔었어.
  I went to the gym with my workout buddy.

- 난 내 삶의 주체가 될 거야.
  I should take control of my life.

- 너 내 운동 친구와 헬스장 갔었다.
  You went to the gym with my workout buddy.

- 넌 네 삶의 주체가 되렴.
  You should take control of your life.

- 그는 내 운동 친구와 헬스장 갔었다.
  He went to the gym with my workout buddy.

- 그녀는 그녀 삶의 주체가 되어야 해.
  She should take control of her life.

- 그들은 내 운동 친구와 헬스장 갔었다.
  They went to the gym with my workout buddy.

- 우리는 우리 삶의 주체가 되어야 해.
  We should take control of our life.

- Hitchcock에게 그것을 주지마요.
  Don't give it to Hitchcock.

- 뉴욕 경찰은 그를 살인죄로 기소하고 있다.
  NYPD is charging him with murder.

단어연결법 적용 문장 영작하기

단어연결법이 적용된 문장들을 1초 만에 **영어**로 바꿔 말해 보세요. (3회 반복)

나 내 운동 친구와 헬스장 갔었어. ☐ ☐ ☐

난 내 삶의 주체가 될 거야. ☐ ☐ ☐

너 내 운동 친구와 헬스장 갔었다. ☐ ☐ ☐

넌 네 삶의 주체가 되렴. ☐ ☐ ☐

그는 내 운동 친구와 헬스장 갔었다. ☐ ☐ ☐

그녀는 그녀 삶의 주체가 되어야 해. ☐ ☐ ☐

그들은 내 운동 친구와 헬스장 갔었다. ☐ ☐ ☐

우리는 우리 삶의 주체가 되어야 해. ☐ ☐ ☐

Hitchcock에게 그것을 주지마요. ☐ ☐ ☐

뉴욕 경찰은 그를 살인죄로 기소하고 있다. ☐ ☐ ☐

단어연결법이 적용된 문장들을 1초 만에 **한글**로 바꿔 말해 보세요. (3회 반복)

I went to the gym with my workout buddy. ☐ ☐ ☐

I should take control of my life. ☐ ☐ ☐

You went to the gym with my workout buddy. ☐ ☐ ☐

You should take control of your life. ☐ ☐ ☐

He went to the gym with my workout buddy. ☐ ☐ ☐

She should take control of her life. ☐ ☐ ☐

They went to the gym with my workout buddy. ☐ ☐ ☐

We should take control of our life. ☐ ☐ ☐

Don't give it to Hitchcock. ☐ ☐ ☐

NYPD is charging him with murder. ☐ ☐ ☐

단어연결법 확장 문장 연습하기

배운 문장들을 좀 더 길게 확장해서 말하는 연습을 해봅시다.

- 나랑 같이 가자.
  Come with me.

- 눈 깜짝할 사이에 지나갔다.
  It went by in the blink of an eye.

- 나 며칠 정도 동네를 빠져나가 있어야 할 것 같아.
  I gotta get out of town for a few days.

- 주요 업데이트 사항 때문에 제 동료에게 이메일을 작성했어요.
  I have written emails to my colleagues for important updates.

- 두말하면 입 아프지.
  That was the point of the story.

- 나 운동하려고 헬스장으로 가고 있어.
  * head to ~로 향하다
  I'm heading to the gym to work out.

 **Check Point!**

'gotta'는 'have got to'의 구어체 표현입니다.

- 그들은 글로벌 프로젝트 때문에 해외 협력사와 협업한다.

They collaborate with international partners for global projects.

- 나 정신이 팔렸어.

I lost sight of myself.

- 그는 신선한 빵을 사기 위해 빵집으로 걸어가는 중이야.

He's walking to the bakery to buy fresh bread.

- 엘리베이터 고장 났어.

The elevator's out of order.

- 그는 폭력적인 영화는 보지 않아요.

He doesn't watch movies with violence.

- 시간 가는 줄 몰랐어.

I lost track of time.

 Check Point!

'lose sight'라는 말은 실제로 '시력을 잃었다'는 의미도 되지만 정말 어떤 것에 '눈이 멀었다'라는 표현 할 때도 사용되어, 어떤 것에 정신이 팔린 상태를 나타내기도 합니다.

🗨️ small talk ①

앞에서 학습한 내용을 기반으로 묻고 답해보는 연습을 통해 자연스럽게 말할 수 있을 때까지 반복 연습해 봅시다.

The elevator's out of order.
엘리베이터 고장 났어.

We'll have to use the stairs.
우리 계단으로 가야겠다.

Where is he going?
그는 어디 가고 있어?

He's walking to the bakery to buy fresh bread.
신선한 빵 사려고 빵집에 걸어가는 중이야.

I'm so sorry. I lost track of time.
너무 미안해. 시간 가는 줄 몰랐어.

Time flies.
시간이 빨리 간다.

How was the drive back?
돌아가는 길 어땠어?

It went by in the blink of an eye.
눈 깜빡할 사이에 지나갔어.

 small talk ❷

조금 더 실생활 대화를 살펴볼까요? 보면서 자연스럽게 말할 수 있을 때까지 반복 연습해
봅시다.

Come with me to the art gallery this weekend.
이번 주말에 나랑 미술관 가자.

I'd love to, but I already have a plan for Saturday.
좋아, 근데 나 토요일에 이미 약속 있어.

That's too bad. Maybe next time?
아쉽네. 다음에는 어때?

Come with me.
나랑 같이 가자.

Where are we going?
어디 가는데?

I'm taking you to the new art exhibition downtown.
너랑 시내에 있는 새로운 미술관 너랑 가려고.

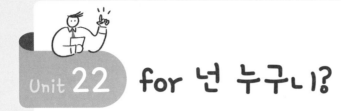

Unit 22 for 넌 누구니?

전치사 'for'는 '~을 위해'라는 뜻을 제일 먼저 떠올립니다. 이러한 뜻으로 사용되지 않은 건 아니지만, 'for'에는 우리가 생각지도 못했던 더 많은 뜻이 담겨 있습니다. 이번에 'for'를 정리해 보도록 할게요.

🧩 단어연결법

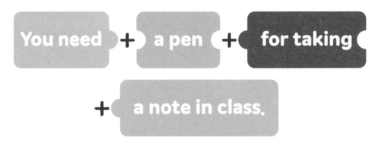

You need + a pen + for taking + a note in class.

"너 수업 시간에 노트 필기할 펜 필요해."

🧩 for + 명사 / 대명사 / 동명사 연결해 보기

- 나 여동생 생일 선물로 책 한 권 사줬어.
  I bought a book for my sister's birthday.

- 그녀는 식료품 사려고 가게에 갔어.
  She went to the store for some groceries.

- 그들은 공원에서 산책하기로 했어.
  They decided to go for a walk in the park.

 Check Point!

기본적으로 'for'는 목적, 이유, 사용과 관련된 부분에서 쓰입니다. 이 외에도 시간을 나타낼 때 사용되기도 합니다. 이 부분은 뒤에 예문에서 살펴봐요!

🔍 단어연결법 적용 문장 살펴보기

단어연결법을 적용한 문장들을 큰소리로 연습해 보세요.

- 나 오늘 저녁으로 파스타 준비했어요.
  I prepared pasta for dinner tonight.

- 나 아이스크림 당겨.
  I have a craving for ice cream.

- 너 오늘 저녁으로 파스타 준비했었구나.
  You prepared pasta for dinner tonight.

- 너 아이스크림이 당기는 군.
  You have a craving for ice cream.

- 그녀는 오늘 저녁으로 파스타 준비했었다.
  She prepared pasta for dinner tonight.

- 그는 아이스크림을 당겨해.
  He has a craving for ice cream.

- 우리는 오늘 저녁으로 파스타 준비했어요.
  We prepared pasta for dinner tonight.

- 그들은 아이스크림을 당겨해.
  They have a craving for ice cream.

- Lin은 항상 회의에 늦어.
  Lin is always late for her meeting.

- 그냥 나 그 일에 지원할까 봐요.
  Maybe I should apply for that job.

단어연결법 적용 문장 영작하기

단어연결법이 적용된 문장들을 1초 만에 **영어**로 바꿔 말해 보세요. (3회 반복)

나 오늘 저녁으로 파스타 준비했어요. ☐ ☐ ☐

나 아이스크림 당겨. ☐ ☐ ☐

너 오늘 저녁으로 파스타 준비했었구나. ☐ ☐ ☐

너 아이스크림이 당기는 군. ☐ ☐ ☐

그녀는 오늘 저녁으로 파스타 준비했었다. ☐ ☐ ☐

그는 아이스크림을 당겨해. ☐ ☐ ☐

우리는 오늘 저녁으로 파스타 준비했어요. ☐ ☐ ☐

그들은 아이스크림을 당겨해. ☐ ☐ ☐

Lin은 항상 회의에 늦어. ☐ ☐ ☐

그냥 나 그 일에 지원할까 봐요. ☐ ☐ ☐

단어연결법이 적용된 문장들을 1초 만에 **한글**로 바꿔 말해 보세요. (3회 반복)

I prepared pasta for dinner tonight. ☐ ☐ ☐

I have a craving for ice cream. ☐ ☐ ☐

You prepared pasta for dinner tonight. ☐ ☐ ☐

You have a craving for ice cream. ☐ ☐ ☐

She prepared pasta for dinner tonight. ☐ ☐ ☐

He has a craving for ice cream. ☐ ☐ ☐

We prepared pasta for dinner tonight. ☐ ☐ ☐

They have a craving for ice cream. ☐ ☐ ☐

Lin is always late for her meeting. ☐ ☐ ☐

Maybe I should apply for that job. ☐ ☐ ☐

단어연결법 확장 문장 연습하기

배운 문장들을 좀 더 길게 확장해서 말하는 연습을 해봅시다.

- 그는 그의 예술적 재능으로 유명하다.
  He is famous for his artistic talent.

- 그녀는 컨디션이 별로여서 파티에 올 수 없었다.
  She can't come to the party for her feeling well.

- 중요한 발표 준비됐나요?
  * big 중요한
  Are you ready for the big presentation?

- 우유 좀 사다 줄래?
  Can you pick up some milk for me?

- 여기서 순서를 기다려 주세요.
  Please wait here for your turn.

- 이 케이크는 오늘 저녁 디저트용입니다.
  The cake is for dessert tonight.

- 그 차는 수리 때문에 차고에 있어.

The car is in the garage for repairs.

- 점심 먹게 나 현금 좀 빌려줄래?

Can you loan me some cash for lunch?

- 콘서트 티켓은 온라인에서 판매합니다.

The concert tickets are for sale online.

- 사전에 워크숍 등록해 주세요.

Register for the workshop in advance.

- 그는 이해심 있는 성격으로 알려져 있어.

He's known for his generosity.

- 그 가게는 리모델링 때문에 닫았어.

The store is closed for renovations.

 Check Point!

for 사용법과 다양한 뜻 살펴 보셨나요? 우리가 생각했던것 보다 더 많은 문장에서 다양하게 사용되고 있습니다. 많은 상황 예문을 통해 for의 쓰임 정리해 보도록 해요.

 small talk ❶

앞에서 학습한 내용을 기반으로 묻고 답해보는 연습을 통해 자연스럽게 말할 수 있을 때까지 반복 연습해 봅시다.

🙂 Have you heard from Sarah about the party tonight?
오늘 밤 파티에 대해서 Sarah에게 이야기 들은 거 있어?

🦉 She can't come to the party for her feeling well.
오늘 컨디션이 별로여서 올 수 없다는데.

🙂 Where should I wait in the doctor's office?
제가 병원 어디에서 기다려야 할까요?

🦉 Please, wait here for your turn.
여기서 순서를 기다려 주세요.

🙂 What does he want to eat?
그는 뭐 먹고 싶어 해?

🦉 He has a craving for ice cream.
그는 아이스크림 엄청나게 먹고 싶어 해.

🙂 You prepared pasta for dinner tonight.
너 오늘 저녁 파스타로 준비했구나.

🦉 Yes, I did. It's one of my favorite dish, and it's quick to make.
응, 그랬어. 내가 제일 좋아하는 음식이기도 하고 만들기에도 빨라.

조금 더 실생활 대화를 살펴볼까요? 보면서 자연스럽게 말할 수 있을 때까지 반복 연습해 봅시다.

What do I need for the workshop next week?
다음 주 워크숍에서 제가 필요한 것이 무엇이죠?

Register for the workshop in advance.
사전에 워크숍 등록해 주세요.

Is it necessary to register early?
미리 등록하는 게 꼭 필요한가요?

Let's go shopping at that store today.
오늘 그 가게로 쇼핑하러 가자.

I'm sorry, but the store is closed for renovation.
안타깝지만, 리모델링 때문에 거기 문 닫았어.

Oh, I didn't know that! When will it reopen?
나 몰랐어! 언제 다시 오픈해?

 Check Point!

'I'm sorry'는 '미안해' 뜻 이외에도 '유감이다, 안타깝다'의 의미도 표현할 수 있습니다.

 원어민 진짜 pattern ❺

살면서 '막 ~하려고 해'라는 말, 어떻게 표현해야 좋을지 궁금하지 않으셨나요? 바로 'about'
을 이용해서 만들 수 있어요. **'be about to + 동사원형'**을 이용하면 바로 표현할 수 있습
니다.

 I'm about head out.
나 막 나가려던 참이야.

Okay, have a great time wherever you're going!
알겠어, 어디서든 좋은 시간 보내!

'제시간에 끝내려고 노력하고 있습니다'라는 말 비즈니스 상황에서 자주 사용하는 표현이
죠? 영어로는 바로 **'try to + 동사원형'**을 가지고 표현할 수 있습니다.

 What's keeping you so busy these days?
요즘 바쁜 게 무엇이에요?

I'm trying to manage work and a few unexpected things.
저는 일과 예상하지 못한 몇 가지 일을 처리하려고 노력하고 있습니다.

나만의 영어 노트 만들기

6
Weeks
Challenge

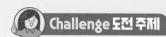 **Challenge 도전 주제**

① 전치사 'in / at / on'의 기본 의미 활용해서 문장 만들기
② 전치사 'in / at / on / by' 이용하여 시간 / 년도 / 요일 문장 만들기
③ to 부정사 ❶
④ to 부정사 ❷
⑤ to 부정사 ❸

6주 차 챌린지 문장을 보고 우리말을 영어로 5초 안에 말해보세요.

☐ 1. 나 공원에서 Eddie를 만나고 있어.

☐ 2. 나 현재 새로운 언어를 배우려고 노력하고 있어.

☐ 3. 그들은 콘퍼런스 참석을 위해 런던에 있습니다.

☐ 4. 우리는 6월 10일에 도착하여 휴가를 시작합니다.

☐ 5. 마감 시간까지 신청서를 제출해 주세요.

☐ 6. 그들은 공항에 일찍 도착할 계획입니다.

☐ 7. 그녀는 유명한 작가가 되기를 갈망해.

☐ 8. 그들은 그들 자신의 사업을 시작해서 신이 납니다.

6주 차 챌린지의 모범 예문을 확인하세요. 그리고 앞으로 돌아가 우리말만 보고 영어로 말할 수 있는지 재도전해 보시고 입으로 잘 나오지 않은 번호 옆 박스에 ☑표시해 보세요.

1. 나 공원에서 Eddie를 만나고 있어.
   🔊 I'm meeting Eddie at the park.

2. 나 현재 새로운 언어를 배우려고 노력하고 있어.
   🔊 I'm currently working on learning a new language.

3. 그들은 콘퍼런스 참석을 위해 런던에 있습니다.
   🔊 They are in London to attend a conference.

4. 우리는 6월 10일에 도착하여 휴가를 시작합니다.
   🔊 We are arriving on June 10th to begin our vacation.

5. 마감 시간까지 신청서를 제출해 주세요.
   🔊 Please submit your application form by the deadline.

6. 그들은 공항에 일찍 도착할 계획입니다.
   🔊 They're planning to arrive at the airport early.

7. 그녀는 유명한 작가가 되기를 갈망해.
   🔊 She aspires to become a famous author.

8. 그들은 그들 자신의 사업을 시작해서 신이 납니다.
   🔊 They are excited to start their own businesses.

Words Preview

author	작가	sweep	청소하다
drawer	서랍	remedy	치료
take a course	수강하다	cool down	서늘해지다, 식히다
curl up	몸을 웅크리다	share	공유하다
cottage	작은 집, 오두막	offer	제공하다, 제안하다
negotiate	협상하다	right	권리
contract	계약	book	예약하다
frustrating	불만스러운, 좌절감을 주는	explain	설명하다
semester	학기	take action	조치를 취하다
impressive	인상적인	recipe	조리법
complete	완료하다, 끝마치다	ring	전화하다
take place	일어나다, 발생하다	diligently	부지런히, 열심히
major in	전공하다	hip	유행에 밝은
pack up	짐을 꾸리다	impolite	예의 없는
evacuate	대피시키다	previous	이전의
independently	독립하여, 자주적으로	engagement	약속
sip	홀짝이다		

어느 곳에서

위치나 **장소**를 표현할 때 가장 많이 사용하는 전치사는 '**in, at, on**'입니다. in은 '**~안에**', at은 '**~에서**', 그리고 on은 '**~위에**'라는 뜻으로 사용됩니다. 다양한 상황 안에서 공부해야 '**in, at, on**'을 제대로 이해할 수 있어요. 그럼 함께 살펴보도록 해요.

단어연결법

"나 여기 안에 있어."

in/at/on 연결해 보기

• 나 내 방에 있어.
  I'm in my room.

• 너 어디에 있어?
  Where are you at?

• 그거 테이블 위에 있어.
  It's on the table.

Check Point!

장소나 위치를 표현할 때, 보통 'at'은 특정 장소 또는 구체적인 장소를 나타낼 때 사용되고, 'in'은 장소 안의 공간을 나타낼 때 사용돼요.

단어연결법 적용 문장 살펴보기

단어연결법을 적용한 문장들을 큰소리로 연습해 보세요.

- 나 차 안에 있어.
  I'm in the car.

- 나 식당에 있어.
  I'm at the restaurant.

- 너 차 안에 있어.
  You're in the car.

- 너 식당에 있어.
  You're at the restaurant.

- 그는 차 안에 있어.
  He's in the car.

- 그녀는 식당에 있어.
  She's at the restaurant.

- 그들은 차 안에 있어.
  They're in the car.

- 우리는 식당에 있어.
  We're at the restaurant.

- 그 양말은 서랍에 있어.
  The socks are in the drawer.

- 고양이가 지붕 위에 있어.
  The cat is on the roof.

단어연결법 적용 문장 영작하기

단어연결법이 적용된 문장들을 1초 만에 **영어**로 바꿔 말해 보세요. (3회 반복)

나 차 안에 있어. ☐ ☐ ☐

나 식당에 있어. ☐ ☐ ☐

너 차 안에 있어. ☐ ☐ ☐

너 식당에 있어. ☐ ☐ ☐

그는 차 안에 있어. ☐ ☐ ☐

그녀는 식당에 있어. ☐ ☐ ☐

그들은 차 안에 있어. ☐ ☐ ☐

우리는 식당에 있어. ☐ ☐ ☐

그 양말은 서랍에 있어. ☐ ☐ ☐

고양이가 지붕 위에 있어. ☐ ☐ ☐

단어연결법이 적용된 문장들을 1초 만에 **한글**로 바꿔 말해 보세요. (3회 반복)

I'm in the car. ☐ ☐ ☐

I'm at the restaurant. ☐ ☐ ☐

You're in the car. ☐ ☐ ☐

You're at the restaurant. ☐ ☐ ☐

He's in the car. ☐ ☐ ☐

She's at the restaurant. ☐ ☐ ☐

They're in the car. ☐ ☐ ☐

We're at the restaurant. ☐ ☐ ☐

The socks are in the drawer. ☐ ☐ ☐

The cat is on the roof. ☐ ☐ ☐

단어연결법 확장 문장 연습하기

실배운 문장들을 좀 더 길게 확장해서 말하는 연습을 해봅시다.

- 내가 버스에 핸드폰을 두고 내렸다는 걸 믿을 수 없어.

  I can't believe I left my phone on the bus.

- 나 사진 수업 들어볼지 생각 중이야.

  * take a course 수업을 듣다

  I'm considering taking a course in photography.

- 그녀는 항상 회사에서 미팅으로 바빠요.

  She's always busy with meetings at the office.

- 나 미술관 벽에 걸린 아름다운 그림을 발견했어.

  I found a beautiful painting on the wall of the art gallery.

- 고양이가 거실 소파 위에 웅크린 채 있어요.

  * curl up 몸을 웅크리다

  The cat is curled up on the sofa in the living room.

- 우리는 호수 옆 작은 오두막에서 휴가를 보냈어.

  We spent our vacation in a small cottage by the lake.

- 나 지금 마트에서 장 보는 중이야.

  I'm currently shopping for groceries in the supermarket.

- 나 3시에 카페에서 너 만날 거야.

  I'll meet you at the café at 3 PM.

- 내가 읽고 있는 책은 나이트 스탠드 위에 있어.

  The book I'm reading is on the nightstand.

- 우리 비행기 연착으로 공항에서 기다렸어.

  * delayed 지연된

  We waited at the airport for the delayed flight.

- 그는 계약 협상에 능숙합니다.

  * negotiate 협상하다

  He's excellent at negotiating contracts.

- 우리 아침 9시 정각에 당신을 사무실에서 만날 거예요.

  We'll meet you at the office at 9 AM sharp.

 Check Point!

전치사 'at'은 장소에서도 사용이 되지만 '시간'을 표현할 때도 사용됩니다. 뒤에서 조금 더 많은 예문을 통해 확인할 수 있습니다. 전치사 'on' 또한 '~에 관한, ~대한'이라는 'about'의 의미로도 쓰입니다.

 small talk ❶

앞에서 학습한 내용을 기반으로 묻고 답해보는 연습을 통해 자연스럽게 말할 수 있을 때까지 반복 연습해 봅시다.

We waited at the airport for the delayed flight.
우리 비행기 연착돼서 공항에서 기다렸어.

Oh, that must have been frustrating. How long was the delay?
짜증 났겠다. 얼마나 연착된 거야?

Where is the cat curled up in the living room?
고양이는 거실 어디에서 웅크리고 있어?

The cat is curled up on the sofa in the living room.
고양이가 거실 소파 위에서 웅크리고 있어.

What are you taking a course in this semester?
이번 학기에 수업 뭐 들어?

I'm considering taking a course in photography.
나 사진 수업 들어볼까 생각하고 있어.

Did you have a good time at the art gallery?
미술관에서 좋은 시간 보냈어?

Yes, I did. I found a beautiful painting on the wall of the art gallery.
응, 보냈어. 나 미술관 벽에 걸려있는 아름다운 그림 하나 발견했어.

조금 더 실생활 대화를 살펴볼까요? 보면서 자연스럽게 말할 수 있을 때까지 반복 연습해 봅시다.

What are you currently reading?
읽고 있는 책 뭐야?

The book I'm reading is on the nightstand.
내가 읽는 책은 나이트 스탠드 위에 있어.

Oh, that sounds interesting. What's it about?
재미있겠다. 무슨 내용이야?

Have you heard about John's skill in the business department?
너 영업부에 있는 John의 능력에 대한 이야기 들었어?

Yes, I have. He's excellent at negotiating contracts.
어, 들었어. 걔 계약 협상 엄청나다며.

That's impressive. What makes him so good at it?
대단해. 뭐가 걔를 뛰어나게 만들었을까?

Unit 24 시간 흐름 속에

위치나 장소를 표현하기 위해, **'at, on, in'**을 사용했지만, 이 세 전치사는 시간(time), 요일(day), 월(month)에도 사용이 됩니다. 여기에 하나 더 **'~까지'**를 표현하는 **'by'**까지 시간을 표현할 수 있습니다. 그럼 **'at, in on, by'**가 문장에서 어떻게 활용되는지 살펴볼까요?

단어연결법

"우리 2시에 만날 거야."

in / at / on / by 연결해 보기

- 나 3시에 너 만날 예정이야.
  I'll see you at 3:00 PM.

- 내가 저녁에 너에게 전화할게.
  I'll call you in the evening.

- 우리 주말에 만날 거야.
  We'll meet on the weekend.

Check Point!

'아침에, 점심에, 저녁에'는 어떻게 표현할까요? 바로 전치사 'in'을 사용합니다.
     ✓ in the morning   ✓ in the afternoon   ✓ in the evening
그럼, '밤에'는 어떻게 표현할까요? 밤은 전치사 'at'을 사용해서 'at night'으로 표현합니다.

🔍 단어연결법 적용 문장 살펴보기

단어연결법을 적용한 문장들을 큰소리로 연습해 보세요.

- 나는 2009년에 졸업했어요.
  I graduated `in` 2009.

- 나 매일 아침9시에 회사 도착해.
  I arrive at work `at` 9 AM every day.

- 너 금요일에 시험이 있구나.
  You'll have a test `on` Friday.

- 너 다음 달까지 그 프로젝트 끝낼 거구나.
  You'll complete the project `by` next month.

- 그는 금요일에 시험 봐.
  He'll have a test `on` Friday.

- 그녀는 다음 달까지 그 프로젝트 끝낼 거야.
  She'll complete the project `by` next month.

- 그들은 2009년에 졸업했어요.
  They graduated `in` 2009.

- 우리는 매일 아침 9시에 회사에 도착해.
  We arrive at work `at` 9 AM every day.

✏️💬 단어연결법 적용 문장 영작하기

단어연결법이 적용된 문장들을 1초 만에 **영어**로 바꿔 말해 보세요. (3회 반복)

나는 2009년에 졸업했어요. ☐ ☐ ☐

나 매일 아침 9시에 회사 도착해. ☐ ☐ ☐

너 금요일에 시험이 있구나. ☐ ☐ ☐

너 다음 달까지 그 프로젝트 끝낼 거구나. ☐ ☐ ☐

그는 금요일에 시험 봐. ☐ ☐ ☐

그녀는 다음 달까지 그 프로젝트 끝낼 거야. ☐ ☐ ☐

그들은 2009년에 졸업했어요. ☐ ☐ ☐

우리는 매일 아침 9시에 회사에 도착해. ☐ ☐ ☐

단어연결법이 적용된 문장들을 1초 만에 **한글**로 바꿔 말해 보세요. (3회 반복)

I graduated in 2009.

I arrive at work at 9 AM every day.

You'll have a test on Friday.

You'll complete the project by next month.

He'll have a test on Friday.

She'll complete the project by next month.

They graduated in 2009.

We arrive at work at 9 AM every day.

단어연결법 **확장 문장** 연습하기

배운 문장들을 좀 더 길게 확장해서 말하는 연습을 해봅시다.

- 나 곧 돌아올게.
  I'll be back in a minute.

- 그 행사는 7월 10일에 진행합니다.
  * take place 일어나다, 발생하다
  The event takes place on July 10th.

- 나 5시 30분까지 거기 있을 거야.
  I'll be there by 5:30 PM.

- 해는 7시에 집니다.
  The sun sets at 7 PM.

- 4월에 비와.
  It rains in April.

- 나 7월에 파리로 여행 갈 계획이야.
  I'm planning a trip to Paris in July.

- 12월에는, 낮이 점점 짧아지기 시작합니다.

In December, the days start getting shorter.

- 우리 기념일은 5월 10일에 있어.

Our anniversary falls on May 10th.

- 40세가 되는 시점까지, 나 마라톤 뛰고 싶어.

By the time I turn 40, I want to run a marathon.

- 회의는 수요일 3시로 예정되어 있습니다.

The meeting is set for 3:00 PM on Wednesday.

- 나 한 달 후에 여행에서 돌아올 거예요.

I'll be back from my trip in a month.

- 그는 내일 6시에 그 장소에 도착할 거예요.

He'll arrive at the place at 6 PM tomorrow.

Check Point!

at + 시간
in + 월 / 년도 / 계절
on + 요일 / 특별한 날

small talk ❶

앞에서 학습한 내용을 기반으로 묻고 답해보는 연습을 통해 자연스럽게 말할 수 있을 때까지 반복 연습해 봅시다.

Did you notice anything different about the weather lately?
최근에 날씨에 어떤 변화가 있는 것 같아?

Yes, I did. In December, the days start getting shorter.
그런 걸 느꼈어. 12월에는 낮이 점점 짧아지기 시작해.

Do you remember our anniversary date?
우리 기념일 날짜 기억해?

Yes, of course. Our anniversary falls on May 10th.
그럼, 당연하지. 우리 기념일 5월 10일이잖아.

Can you help me now?
지금 나 좀 도와줄 수 있어?

Sorry, I'm in the middle of something, but I'll be back in a minute.
미안해, 나 지금 뭐 좀 하는 중인데, 조금 이따 돌아갈 거야.

Do you know when the event is happening?
행사가 언제 열리는지 알고 있나요?

Yes, the event takes place on July 10th.
네, 행사는 7월 10일에 열립니다.

 small talk ❷

조금 더 실생활 대화를 살펴볼까요? 보면서 자연스럽게 말할 수 있을 때까지 반복 연습해
봅시다.

When will she finish the project?
그녀는 프로젝트를 언제 끝낼 거죠?

She'll complete the project by next month.
다음 달까지 프로젝트를 마무리할 거예요.

**That's impressive, considering the complexity of
the task.**
업무 복잡성을 생각해 보면 인상적이네요.

When did you graduate from your University?
너 대학 졸업 언제 했어?

I graduated in 2009.
나 2009년에 했어.

What did you major in?
전공이 뭐였지?

Unit 25 필수 아이템 to ❶

그동안 '~로, 에게'로만 익숙했던 to를 이제 확장해보도록 하겠습니다. **'to'**는 영어에 있어서 없어서는 안 될 필수 아이템입니다. **'to'를 활용하여** '~를 원해, ~을 좋아해' 등 여러 표현이 가능합니다. 여러분의 단어 연결 실력을 키워줄 **필수 아이템 'to'**에 대해 알아보도록 하겠습니다. 필수 아이템 'to'는 뒤에 **'동사원형'**의 형태를 가집니다.

🧩 단어연결법

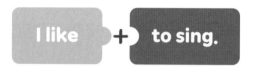

"나 노래 하는 것을 좋아해."

🧩 to + 동사원형 연결해 보기

- 나 영화 보는 거 좋아해.
  I like to watch a movie.

- 너 영화 보는 거 좋아해?
  Do you like to watch a movie?

- 그는 영화 보는 거 안 좋아해.
  He doesn't like to watch a movie.

💡 Check Point!

'~하는 것'이라는 형태로 사용하는 'to'는 보통 'to 부정사'라고 부르지만, 여기서는 문법 용어 대신 '필수 아이템 to'라고 부르도록 해요. 이러한 to는 주어, 목적어 자리에 올 수 있어요.

🔍 단어연결법 적용 문장 살펴보기

단어연결법을 적용한 문장들을 큰소리로 연습해 보세요.

- 나 내년에 유학 계획하고 있어.
  I plan to study abroad next year.

- 나 기타 배우고 싶어.
  I want to learn how to play the guitar.

- 너 내년에 유학 계획하고 있어.
  You plan to study abroad next year.

- 너는 기타 배우고 싶어 해.
  You want to learn how to play the guitar.

- 그는 내년에 유학을 계획하고 있어.
  He plans to study abroad next year.

- 그녀는 기타를 배우고 싶어 해.
  She wants to learn how to play the guitar.

- 그들은 내년에 유학을 계획하고 있어.
  They plan to study abroad next year.

- 우리는 기타를 배우고 싶어 해.
  We want to learn how to play the guitar.

- 그 팀은 새로운 제품 출시를 의도하고 있습니다.
  The team intends to launch a new product.

- 무슨 파스타 먹고 싶어?
  What pasta do you want to eat?

✏️💬 단어연결법 적용 문장 영작하기

단어연결법이 적용된 문장들을 1초 만에 **영어**로 바꿔 말해 보세요. (3회 반복)

나 내년에 유학 계획하고 있어. ☐ ☐ ☐

나 기타 배우고 싶어. ☐ ☐ ☐

너 내년에 유학 계획하고 있어. ☐ ☐ ☐

너는 기타 배우고 싶어 해. ☐ ☐ ☐

그는 내년에 유학을 계획하고 있어. ☐ ☐ ☐

그녀는 기타를 배우고 싶어 해. ☐ ☐ ☐

그들은 내년에 유학을 계획하고 있어. ☐ ☐ ☐

우리는 기타를 배우고 싶어 해. ☐ ☐ ☐

그 팀은 새로운 제품 출시를 의도하고 있습니다. ☐ ☐ ☐

무슨 파스타 먹고 싶어? ☐ ☐ ☐

단어연결법이 적용된 문장들을 1초 만에 **한글**로 바꿔 말해 보세요. (3회 반복)

I plan to study abroad next year. ☐ ☐ ☐

I want to learn how to play the guitar. ☐ ☐ ☐

You plan to study abroad next year. ☐ ☐ ☐

You want to learn how to play the guitar. ☐ ☐ ☐

He plans to study abroad next year. ☐ ☐ ☐

She wants to learn how to play the guitar. ☐ ☐ ☐

They plan to study abroad next year. ☐ ☐ ☐

We want to learn how to play the guitar. ☐ ☐ ☐

The team intends to launch a new product. ☐ ☐ ☐

What pasta do you want to eat? ☐ ☐ ☐

📝 단어연결법 확장 문장 연습하기

배운 문장들을 좀 더 길게 확장해서 말하는 연습을 해봅시다.

- 그들은 짐을 싸서 대피하기로 결정했어요.
  * evacuate 대피하다, 떠나다

  They decided to pack up and evacuate.

- 우리 집으로 놀러 올래?

  Do you want to come over and hang out at my house?

- 그녀는 고기를 먹지 않기로 결심했다.

  She decided not to eat meat.

- 목표는 매출 10% 증가를 달성하는 것입니다.

  The goal is to achieve a 10% increase in sales.

- 정말 다시 한 번 더 시도해 보고 싶어요.

  I would really like to try again.

- 나는 독립적으로 일하는 것을 선호합니다.

  I prefer to work independently.

- 규칙적으로 운동하는 것이 중요합니다.

  It's important to exercise regularly.

- 효과적으로 의사소통하는 것이 중요합니다.

  It's important to communicate effectively.

- 더운 여름날 차가운 물 한 잔을 홀짝홀짝 마시면 상쾌합니다.
  * sip (음료를) 홀짝이다

  It is refreshing to sip a cold glass of water on a hot summer day.

- 파티 후에 청소하는 것은 힘들다.

  It is hard to sweep up after party.

- 너의 꿈을 따르는 것이 중요하다.

  It is important to follow your dreams.

- 말소리가 여기 멀리까지 오는 데 오래 걸리네요.

  It takes a long time for the sound to get this far.

Check Point!

문장의 주어가 길어지면 영어는 가주어 It을 사용합니다. 가주어 It이 문장 맨 앞에 오고 진짜 주어는 to 부정사 형태로 문장 뒤로 이동합니다. 그리고 to 부정사의 부정은 'to' 앞에 'not'을 붙여 'not + to + 동사원형' 형태로 만듭니다.

 small talk ❶

앞에서 학습한 내용을 기반으로 묻고 답해보는 연습을 통해 자연스럽게 말할 수 있을 때까지 반복 연습해 봅시다.

I plan to study abroad next year.
나 내년에 유학 가려고.

That sounds like a great opportunity. Where do you want to go?
좋은 기회인 거 같아. 어디로 가?

I would really like to try again.
저 진짜 다시 해보고 싶어요.

What are you thinking of trying again?
다시 해보고 싶게 만든 게 뭐야?

Do you want to come over and hang out at my house?
우리 집으로 놀러 올래?

I'd like to! When would be a good time for you?
좋아! 몇 시에 가면 너 괜찮아?

What pasta do you want to eat?
어떤 파스타 먹고 싶어?

I'm in the mood for some creamy pasta. How about you?
나 크림 파스타 같은 거 먹고 싶어. 넌?

조금 더 실생활 대화를 살펴볼까요? 보면서 자연스럽게 말할 수 있을 때까지 반복 연습해
봅시다.

On a hot summer day, a cold glass of water helps
you cool down.
더운 여름날, 차가운 물 한 잔은 너를 시원하게 해.

You said it. It's so refreshing to sip a cold glass of
water on a hot summer day.
내 말이! 차가운 물 한 잔 홀짝이면 상쾌해.

It's like a natural remedy for the heat, isn't it?
더위에 대한 천연 요법 같아, 그렇지 않아?

Did you hear that she decided not to eat meat?
너 그녀가 고기 먹지 않기로 한 거 들었어?

That's interesting. What made her decide that?
놀라운데. 그렇게 결정하게 만든 게 뭐 때문이야?

She made that choice after watching a documentary.
다큐멘터리 본 후 그 결정했대.

cool down 서늘해지다, 식히다

Unit 26 필수 아이템 to ❷

지난 시간에 이어 '필수 아이템 to' 두 번째 시간입니다. 이번에는 '~할'이라는 의미를 가진 'to'를 알아보도록 해요. 보통 '~할'이라는 'to'는 앞에 있는 **명사를 꾸며주어 의미의 풍부함**을 확장시키는 역할을 합니다.

🧩 단어연결법

I have + **something** + **to do.**

"나 할 일이 있어."

🧩 to + 동사원형 연결해 보기

• 나 읽을 책이 있어.
I have a book to read.

• 그는 할 일이 많아?
Does he have a lot of work to do?

• 생각할 많은 일이 있어.
There are many things to consider.

🔍 단어연결법 적용 문장 살펴보기

단어연결법을 적용한 문장들을 큰소리로 연습해 보세요.

- 나 공유할 장난감 있어.
  I have a toy to share.

- 나 쓸 펜이 필요해.
  I need a pen to write.

- 너는 공유할 장난감이 있다.
  You have a toy to share.

- 너 쓸 펜이 필요하다.
  You need a pen to write.

- 그는 공유할 장난감 있어.
  He has a toy to share.

- 그녀는 쓸 펜이 필요해.
  She needs a pen to write.

- 그들은 공유할 장난감 있어.
  They have a toy to share.

- 우리는 쓸 펜이 필요해.
  We need a pen to write.

- 선생님은 배울 기회를 주셨다.
  The teacher offered an opportunity to learn.

- 우리 더 중요한 일이 있잖아.
  We have bigger fish to fry.

✏️💬 단어연결법 적용 문장 영작하기

단어연결법이 적용된 문장들을 1초 만에 **영어**로 바꿔 말해 보세요. (3회 반복)

나 공유할 장난감 있어. ☐ ☐ ☐

나 쓸 펜이 필요해. ☐ ☐ ☐

너는 공유할 장난감이 있다. ☐ ☐ ☐

너 쓸 펜이 필요하다. ☐ ☐ ☐

그는 공유할 장난감 있어. ☐ ☐ ☐

그녀는 쓸 펜이 필요해. ☐ ☐ ☐

그들은 공유할 장난감 있어. ☐ ☐ ☐

우리는 쓸 펜이 필요해. ☐ ☐ ☐

선생님은 배울 기회를 주셨다. ☐ ☐ ☐

우리 더 중요한 일이 있잖아. ☐ ☐ ☐

단어연결법이 적용된 문장들을 1초 만에 **한글**로 바꿔 말해 보세요. (3회 반복)

I have a toy to share. ☐ ☐ ☐

I need a pen to write. ☐ ☐ ☐

You have a toy to share. ☐ ☐ ☐

You need a pen to write. ☐ ☐ ☐

He has a toy to share. ☐ ☐ ☐

She needs a pen to write. ☐ ☐ ☐

They have a toy to share. ☐ ☐ ☐

We need a pen to write. ☐ ☐ ☐

The teacher offered an opportunity to learn. ☐ ☐ ☐

We have bigger fish to fry. ☐ ☐ ☐

단어연결법 확장 문장 연습하기

배운 문장들을 좀 더 길게 확장해서 말하는 연습을 해봅시다.

- 알 권리 있는 사람은 나야.
  If anyone has a right to know, it's me.

- 그는 휴가를 위해 예약한 비행기 표 있어.
  * book 예약하다
  He has a plane ticket to book for his vacation.

- 설명할 시간이 없어.
  No time to explain.

- 행동으로 옮길 때야.
  It's time to take action.

- 매니저님은 오늘 오후 참석해야 할 회의가 없습니다.
  The manager doesn't have a meeting to attend this afternoon.

- 전 일을 하러 여기 왔죠.
  I'm here because I have work to do.

- 뭐 좀 드실래요?

Would you like something to eat?

- 나 너에게 말할 것이 없어.

I have nothing to say to you.

- 케이크를 굽기 위해 따를 레시피가 있나요?

Are you having a recipe to follow for baking a cake?

- 같이 쇼핑할 사람 필요하면 전화해.

Ring me if you want someone to go shopping with.

- 우리는 갈 길이 멀다.

We have a long way to go.

- 너는 해야 할 더 좋은 일들이 있잖아.

You've got better things to do.

 small talk ❶

앞에서 학습한 내용을 기반으로 묻고 답해보는 연습을 통해 자연스럽게 말할 수 있을 때까지 반복 연습해 봅시다.

Are you having a recipe to follow for baking a cake?
케이크를 굽기 위해 따를 레시피가 있나요?

Yes, I do. I found a great one online with excellent reviews.
있죠. 좋은 리뷰를 가진 레시피를 인터넷에서 찾았어요.

Has he already booked the plane ticket for his vacation?
걔 휴가를 위한 비행기 표 예약 이미 했나?

Sure! He has a plane ticket to book for his vacation.
당연하지! 휴가 가려고 예약한 비행기 티켓 있어.

I have nothing to say to you.
나 너에게 말할 것이 없어.

I understand. If you want to talk, tell me. I'm here.
이해해. 만약 말하고 싶으면, 나에게 말해. 나 여기 있어.

We have bigger fish to fry.
우리 더 중요한 일이 있잖아.

Focus on the main goal.
중요한 목표에 조금 더 집중하자.

 small talk ❷

조금 더 실생활 대화를 살펴볼까요? 보면서 자연스럽게 말할 수 있을 때까지 반복 연습해
봅시다.

Ring me if you want someone to go shopping with.
같이 쇼핑할 사람 필요하면 전화해.

That's very kind of you.
너 진짜 착하다.

I'd be happy to join you. When are you thinking of going?
나도 너랑 같이 가서 좋아. 너 언제 갈 생각이야?

Do you know if the manager has any meetings this afternoon?
매니저님이 오늘 오후에 회의가 있는지 없는지 알고 계시나요?

Actually, the manager doesn't have a meeting to attend this afternoon.
사실, 오늘 오후에 매니저님께서 참석할 회의 없습니다.

That's good to know. It means we can discuss the project with him then.
알게 되어서 다행이네요. 그럼, 우리 그와 프로젝트에 대해 논의할 수 있겠어요.

Unit 27 필수 아이템 to ❸

드디어 '필수 아이템 to'의 마지막 시간입니다. 혹시 '다시 만나서 기뻐요'라는 말을 어떻게 표현하는지 알고 계시나요? 바로 필수 아이템 'to'를 사용해서 'I'm happy to see you again.'이라고 표현합니다. 필수 아이템 to는 **어떤 일의 목적, (감정의) 원인, 판단의 근거** 등 문장안에서 다양한 표현을 위해 사용된답니다.

🧩 단어연결법

I'm + happy + to see + you.

"나 너를 보서 행복해."

🧩 to + 동사원형 연결해 보기

• 나 그 소식을 듣고 충격받았어.
I was shocked to hear the news.

• 그는 변호사가 되기 위해 진짜 열심히 공부했어.
He studied really hard to be a lawyer.

• 그녀가 그 수학 문제를 풀다니 정말 똑똑해.
She is smart to solve the math problem.

🔍 단어연결법 적용 문장 살펴보기

단어연결법을 적용한 문장들을 큰소리로 연습해 보세요.

- 나 이겨서 너무 기뻤어.
  I was very glad to win.

- 나 제때 그 프로젝트 끝내기 위해 열심히 일했어.
  I worked hard to finish the project on time.

- 너는 이겨서 너무 기뻐 했어.
  You were very glad to win.

- 너 제때 그 프로젝트 끝내기 위해 열심히 일했어.
  You worked hard to finish the project on time.

- 그는 이겨서 너무 기뻐했어.
  He was very glad to win.

- 그녀는 제때 그 프로젝트 끝내기 위해 열심히 일했어.
  She worked hard to finish the project on time.

- 그들은 이겨서 너무 기뻐했어.
  They were very glad to win.

- 우리는 제때 그 프로젝트 끝내기 위해 열심히 일했어.
  We worked hard to finish the project on time.

- 너 사실을 알게 되어서 놀랐어?
  Were you shocked to know the truth?

- 그는 운전하기에 나이가 어려.
  He's not old enough to drive a car.

💡 Check Point!

'~하기에 충분한'이라는 표현은 '형용사 + enough + to 동사원형'의 단어연결을 합니다.

단어연결법 적용 문장 영작하기

단어연결법이 적용된 문장들을 1초 만에 **영어**로 바꿔 말해 보세요. (3회 반복)

나 이겨서 너무 기뻤어.　　　　　　　　　　☐ ☐ ☐

나 제때 그 프로젝트 끝내기 위해 열심히 일했어.　　☐ ☐ ☐

너는 이겨서 너무 기뻐 했어.　　　　　　　　　☐ ☐ ☐

너 제때 그 프로젝트 끝내기 위해 열심히 일했어.　　☐ ☐ ☐

그는 이겨서 너무 기뻐했어.　　　　　　　　　☐ ☐ ☐

그녀는 제때 그 프로젝트 끝내기 위해 열심히 일했어.　☐ ☐ ☐

그들은 이겨서 너무 기뻐했어.　　　　　　　　☐ ☐ ☐

우리는 제때 그 프로젝트 끝내기 위해 열심히 일했어.　☐ ☐ ☐

너 사실을 알게 되어서 놀랐어?　　　　　　　　☐ ☐ ☐

그는 운전하기에 나이가 어려.　　　　　　　　☐ ☐ ☐

단어연결법이 적용된 문장들을 1초 만에 **한글**로 바꿔 말해 보세요. (3회 반복)

I was very glad to win. ☐ ☐ ☐

I worked hard to finish the project on time. ☐ ☐ ☐

You were very glad to win. ☐ ☐ ☐

You worked hard to finish the project on time. ☐ ☐ ☐

He was very glad to win. ☐ ☐ ☐

She worked hard to finish the project on time. ☐ ☐ ☐

They were very glad to win. ☐ ☐ ☐

We worked hard to finish the project on time. ☐ ☐ ☐

Were you shocked to know the truth? ☐ ☐ ☐

He's not old enough to drive a car. ☐ ☐ ☐

🖊📖 단어연결법 **확장 문장** 연습하기

배운 문장들을 좀 더 길게 확장해서 말하는 연습을 해봅시다.

- 나 그 책 다 읽을 시간이 충분하지 않았어.
  I didn't have enough time to finish reading the book.

- 회의 일찍 나가려고 서두르셨던 거예요?
  Were you in a hurry to leave the meeting early?

- 저 뉴욕에서 그녀를 보기 위해서 왔어요.
  I came from New York to see her.

- 그들과 얘기할 행운을 얻었으니까요.
  We're lucky enough to be talking to them.

- 그는 그의 경력을 성공시키기 위해 열심히 일해.
  He works diligently so that he can achieve his career goals.

- 당신은 팀을 관리할 만한 충분한 자격이 있나요?
  * qualified 자격을 갖춘
  Are you qualified enough to manage the team?

💡 Check Point!

'~하기 위해'는 'to + 동사원형'을 사용하지만, 'so that 주어 + 동사'의 형태로도 사용할 수 있습니다. 'to' 뿐만 아니라 'so that'도 문장 안에서 사용해 보는 걸 추천 드립니다.

- 너무 피곤해서 외출 못 하겠어.
  I am too tired to go out.

- 나 여기에 살 만큼 세련되지 않아요.
  I may not be hip enough to live in here.

- 그는 그의 예의 없는 행동에 사과의 말을 하지 않았어.
  He didn't care to say sorry for his impolite actions.

- 교통이 너무 혼잡해서 그들이 제시간에 도착하기 어려웠어.
  The traffic was too crowded for them to reach on time.

- 그것을 알다니 넌 똑똑해.
  You must be wise to know that.

- 걔 너무 바빠서 우리 못 만났대?
  Was he too busy to meet with us?

 Check Point!

'너무 ~해서 ~할 수 없다'의 의미를 표현하기 위해서 'too + 형용사 + to 동사원형'의 단어 연결로 표현합니다. 여기서 주의할 점은 우리가 보통 'too ~ to'라고 말하는 이 표현은 이미 부정의 뜻을 가지고 있기 때문에 문장에서 'not'을 쓰지 않아도 부정의 뜻을 나타낼 수 있다는 것입니다.

 small talk ❶

앞에서 학습한 내용을 기반으로 묻고 답해보는 연습을 통해 자연스럽게 말할 수 있을 때까지 반복 연습해 봅시다.

He didn't care to say sorry for his impolite actions.
그는 그의 예의 없는 행동에 있어 사과 한마디 하지 않았어.

That's really inconsiderate.
그거 정말 무례한 행동이야.

Were you in a hurry to leave the meeting early?
회의 일찍 나가려고 서두르셨던 거예요?

Yes, there was an urgent matter. Did I miss anything important?
네, 급한 일이 있었어요. 제가 놓친 것이 있나요?

The traffic was too crowded for them to reach on time.
차 너무 막혀서 그들이 제시간에 도착할 수 없었어.

I know, it can be frustrating when traffic is that bad.
맞아, 교통이 그리 혼잡하면 진짜 짜증 나.

Hey! I heard you won the chess tournament last weekend.
지난 주말 체스 경기에서 너 이겼다고 들었어.

Yes, I did! I was very glad to win. It was a tough competition.
응! 나 이겨서 진짜 너무 기뻤어. 경기 대박 힘들었어.

조금 더 실생활 대화를 살펴볼까요? 보면서 자연스럽게 말할 수 있을 때까지 반복 연습해
봅시다.

Are you qualified enough to manage the team?
당신은 팀을 관리할 만한 충분한 자격이 있나요?

Yes, I believe I have the necessary skills and
experience.
네, 전 필수 역량과 경험을 가지고 있다고 생각해요.

That's great to hear! What qualities do you think are
the most important for a team manager?
좋네요! 당신은 팀 매니저에게 있어서 가장 중요한 자질은 무엇이라고 생각하세요?

Was he too busy to meet with us?
걔 너무 바빠서 우리랑 못 만났대?

Yes, regrettably, he had a previous engagement.
응, 선약도 있었대.

I see. Maybe we can reschedule the meeting for
another time.
알겠어. 그럼 날 다시 잡자.

🎓 원어민 진짜 pattern ❻

'물이 원래 여기 있어야 해'라는 말은 어떻게 표현할까요? 바로 **'be supposed to + 동사원형'**을 이용해서 말할 수 있습니다.

Are you supposed to be there?
거기 있어야 하는 건가요?

Yes, I have a meeting scheduled.
네, 전 예정된 회의가 있어서요.

That's great! What's the meeting about?
좋아요! 회의 내용이 무엇인가요?

It's a project update meeting with the client.
고객과의 프로젝트 업데이트 회의에 관한 것입니다.

나만의 영어 노트 만들기

7
Weeks
Challenge

❶ 동명사를 이용하여 문장 만들기
❷ 현재분사를 이용하여 문장 만들기
❸ 과거분사를 이용하여 문장 만들기

드디어 마지막 7주차 챌린지입니다.
7주 차 챌린지 문장을 보고 우리말을 영어로 5초 안에 말해보세요.

- [ ] 1. 떨어지는 나뭇잎들이 땅을 다채로운 카펫처럼 덮었습니다.

- [ ] 2. 겁에 질린 고양이가 천둥과번개가 치는 동안 테이블 아래에 숨었습니다.

- [ ] 3. 독서는 그의 취미 중 하나입니다.

- [ ] 4. 새로운 언어를 배우는 것은 많은 기회를 열어줄 수 있습니다.

- [ ] 5. 기쁨에 넘치는 아이들이 크리스마스 아침에 열심히 선물을 열었습니다.

- [ ] 6. 혼란스러워 하는 여행객이 붐비는 공항에서 길을 물었습니다.

- [ ] 7. 많이 내리는 비로 인해 우리는 하루 종일 실내에 머물러야 했습니다.

- [ ] 8. 밤하늘에 빛나는 별들은 숨 막히게 아름다웠습니다.

7주 차 챌린지의 모범 예문을 확인하세요. 그리고 앞으로 돌아가 우리말만 보고 영어로 말할 수 있는지 재도전해 보시고 입으로 잘 나오지 않은 번호 옆 박스에 ☑표시해 보세요.

1. 떨어지는 나뭇잎들이 땅을 다채로운 카펫처럼 덮었습니다.

   🔊 The falling leaves covered the ground with a colorful carpet.

2. 겁에 질린 고양이가 천둥과번개가 치는 동안 테이블 아래에 숨었습니다.

   🔊 The frightened cat hid under the table during the thunderstorm.

3. 독서는 그의 취미 중 하나입니다.

   🔊 Reading is one of his favorite pastimes.

4. 새로운 언어를 배우는 것은 많은 기회를 열어줄 수 있습니다.

   🔊 Learning a new language can open up many opportunities.

5. 기쁨에 넘치는 아이들이 크리스마스 아침에 열심히 선물을 열었습니다.

   🔊 The excited children eagerly opened their presents on Christmas morning.

6. 혼란스러워 하는 여행객이 붐비는 공항에서 길을 물었습니다.

   🔊 The confused traveler asked for directions at the busy airport.

7. 많이 내리는 비로 인해 우리는 하루 종일 실내에 머물러야 했습니다.

   🔊 The pouring rain forced us to stay indoors all day.

8. 밤하늘에 빛나는 별들은 숨 막히게 아름다웠습니다.

   🔊 The shining stars in the night sky were breathtaking.

colorful	다채로운	edge	가장자리, 긴장된
frightened	두려운, 겁먹은	on purpose	일부러
refreshing	상쾌하게 하는	distortion	뒤틀림
refrain	억제하다, 자제하다	gather	모으다
be worth -ing	~할 가치가 있다	satisfied	만족하는
crucial	중대한	overwhelmed	압도당하는
active	활동적인	goal-oriented	목표 중심적인
be used to	~하곤 했다	aim	목표로 하다
distraction	집중을 방해하는 것	increase	증가하다
furiously	극도로 화가 난	productive	생산적인
tempting	구미가 당기는		

Unit 28 나의 정체 숨기기

'~하는 것은, ~하는 것을, ~하는 것' 이렇게 해석이 되는 걸 우리는 보통 **'동명사'**라고 부릅니다. 용어가 너무 어려우시죠? 쉽게 생각해서 **'동사ing'**를 연결해 사용하는 방법입니다. 동사의 형태를 '-ing'라는 변장술을 통해 '동사'라는 정체를 숨기고 **'명사'**처럼 행동하면서 주어(~하는), 목적어(~하는 것을), 보어(~하는 것), 이렇게 세 가지 역할을 하고 있습니다.

🧩 단어연결법

🧩 동사ing 연결해 보기

- 흡연은 당신에게 좋지 않습니다.
  Smoking is bad for you.

- 그는 기다리는 것을 제안했다.
  He suggested waiting.

- 그녀의 직업은 TV쇼 프로그램을 만드는 것이다.
  Her job is making TV show programs.

💡 Check Point!

동명사는 주로 문장에서 '주어, 목적어, 보어'와 같은 자리에 오면서, 명사의 역할을 합니다. 반면에 같은 '-ing'형태이지만 '주어, 목적어, 보어' 자리에 올 수 없는 종류도 있는데, 그건 우리가 다음 Unit에서 배울 '현재분사'입니다. 현재분사는 동명사와 형태는 동일하지만, 그 역할은 아주 다릅니다. 현재분사는 '형용사'처럼 명사를 꾸며주는 역할을 합니다. 이 부분은 다음 Unit에서 조금 더 자세히 살펴볼 수 있습니다.

🔍 단어연결법 적용 문장 살펴보기

단어연결법을 적용한 문장들을 큰소리로 연습해 보세요.

- 나 쉴 때 소설 읽는 거 즐겨.
  I enjoy reading novels in my free time.

- 나의 꿈은 하와이에 가는 것이다.
  My dream is going to Hawaii.

- 너 쉴 때 소설 읽는 거 좋아하는구나.
  You enjoy reading novels in your free time.

- 너의 꿈은 하와이에 가는 것이다.
  Your dream is going to Hawaii.

- 그는 쉴 때 소설 읽는 거 즐겨.
  He enjoys reading novels in his free time.

- 그녀의 꿈은 하와이에 가는 것이다.
  Her dream is going to Hawaii.

- 그들은 쉴 때 소설 읽는 거 즐겨.
  They enjoy reading novels in their free time.

- 우리의 꿈은 하와이에 가는 것이다.
  Our dream is going to Hawaii.

- 열심히 공부하는 것이 성공의 열쇠야.
  Studying diligently is key to success.

- 걱정한다고 상황이 나아지지 않는다.
  Worrying won't make it better.

단어연결법 적용 문장 영작하기

단어연결법이 적용된 문장들을 1초 만에 **영어**로 바꿔 말해 보세요. (3회 반복)

나 쉴 때 소설 읽는 거 즐겨. ☐ ☐ ☐

나의 꿈은 하와이에 가는 것이다. ☐ ☐ ☐

너 쉴 때 소설 읽는 거 좋아하는 구나. ☐ ☐ ☐

너의 꿈은 하와이에 가는 것이다. ☐ ☐ ☐

그는 쉴 때 소설 읽는 거 즐겨. ☐ ☐ ☐

그녀의 꿈은 하와이에 가는 것이다. ☐ ☐ ☐

그들은 쉴 때 소설 읽는 거 즐겨. ☐ ☐ ☐

우리의 꿈은 하와이에 가는 것이다. ☐ ☐ ☐

열심히 공부하는 것이 성공의 열쇠야. ☐ ☐ ☐

걱정한다고 상황이 나아지지 않는다. ☐ ☐ ☐

단어연결법이 적용된 문장들을 1초 만에 **한글**로 바꿔 말해 보세요. (3회 반복)

I enjoy reading novels in my free time. ☐ ☐ ☐

My dream is going to Hawaii. ☐ ☐ ☐

You enjoy reading novels in your free time. ☐ ☐ ☐

Your dream is going to Hawaii. ☐ ☐ ☐

He enjoys reading novels in his free time. ☐ ☐ ☐

Her dream is going to Hawaii. ☐ ☐ ☐

They enjoy reading novels in their free time. ☐ ☐ ☐

Our dream is going to Hawaii. ☐ ☐ ☐

Studying diligently is key to success. ☐ ☐ ☐

Worrying won't make it better. ☐ ☐ ☐

단어연결법 확장 문장 연습하기

배운 문장들을 좀 더 길게 확장해서 말하는 연습을 해봅시다.

- 더운 날 아이스크림을 먹는 것은 기분을 좋게 만들어 준다.
  Eating ice cream on a hot day is refreshing.

- 항상 집에만 있는 것에 지쳤어요.
  I'm tired of staying at home all the time.

- 그는 중요한 회의에 참석하지 않아서 후회합니다.
  He regrets not attending the important meeting.

- 너가 좋아하는 노래를 따라 부르는 것은 즐거울 수 있다.
  Singing along to your favorite songs can be fun.

- 회사까지 자전거로 가는 것은 돈을 절약하고 환경에도 좋습니다.
  Biking to work saves money and is good for the environment.

- 운전 좀 해주실래요?
  Do you mind driving?

- 오늘 아침 버스 놓친 것을 후회해.

I regret missing the bus this morning.

- 우리는 주말에 일찍 일어나는 것에 익숙하지 않습니다.

We're not used to waking up early on weekends.

- 그는 시끄러운 환경에서 일하는 것을 참을 수 없다.
  - stand 견디다, 참다

He can't stand working in a noisy environment.

- 이 지역에서 흡연을 자제해 주세요.

Please refrain from smoking in this area.

- 계속 안 그래도 돼.

You don't actually have to keep doing that.

- 옳은 일을 할 가치가 있어.

It's worth doing the right thing.

 Check Point!

'~하는 데 익숙하다'라는 표현은 'be used to'를 연결하여 표현합니다. 이때, 'to' 뒤에 동사원형이 아닌 '-ing' 형태의 동명사가 오는 것에 주의해야 합니다. 또한, '~할 가치가 있다'라는 표현 역시 동명사를 활용하여 'be worth -ing'로 표현합니다.

 small talk ❶

앞에서 학습한 내용을 기반으로 묻고 답해보는 연습을 통해 자연스럽게 말할 수 있을 때까지 반복 연습해 봅시다.

😙 Eating ice cream on a hot day is refreshing.
더운 날 아이스크림을 먹는 것은 기분을 좋게 만들어 준다.

🦉 I agree! What's your favorite flavor?
맞아! 무슨 맛 제일 좋아해?

😙 He regrets not attending the important meeting.
걔 중요한 회의 불참한 거 후회해.

🦉 That must have been a crucial meeting. Why couldn't he make it?
그건 중요한 회의였지. 왜 참석하지 않았대?

😙 Singing along to your favorite songs can be fun.
너가 좋아하는 노래를 따라 하는 것은 재미있을 수 있어.

🦉 Absolutely!
당연하지!

😙 Biking to work saves money and is good for the environment.
회사까지 자전거로 가는 것은 돈을 절약하고 환경에도 좋습니다.

🦉 It's a great way to stay active too. Do you bike to work often?
활동적으로 지낼 수 있는 좋은 방법이기도 해요. 자주 자전거로 회사에 가세요?

💬 small talk ❷

조금 더 실생활 대화를 살펴볼까요? 보면서 자연스럽게 말할 수 있을 때까지 반복 연습해 봅시다.

We're not used to waking up early on weekends.
우리 주말에 일찍 일어나는 거 익숙하지 않아.

Me too. What do you do on relaxed weekend mornings?
나도 그래. 느긋한 주말 아침에 뭐 해?

We enjoy a relaxed breakfast while watching TV.
우리 TV 보면서 편하게 아침 즐겨.

He can't stand working in a noisy environment.
그는 시끄러운 환경에서 일하는 거 참을 수 없어 해.

I can understand that. What kind of work environment do you prefer?
나도 그거 이해해. 너는 어떤 환경에서 일하는 거 선호해?

I prefer a quiet office with minimal distractions.
난 조용하고 산만하지 않은 사무실 좋아해.

💡 Check Point!

'to 부정사'를 부정할 때, to 앞에 'not'을 붙여 만든 것처럼 '동명사'의 부정형도 'not'을 앞에 붙여, 'not doing, not attending'처럼 만들면 됩니다.

Unit 29 움직이는 -ing

움직이는 '-ing'는 우리가 흔히 '현재분사'라고 말하는 영역입니다. 앞에서 배운 동명사와 모양은 '-ing' 형태로 동일 하지만 그 역할은 다릅니다. 우리가 **움직이는 -ing**라고 부르는 현재분사는 '**형용사**'의 역할을 합니다. '울고있는 아기, 손을 흔드는 사람' 처럼 **명사 의미를 풍부**하게 만들어 주면서도 주어가 **현재 어떤 상태인지를 설명**해주는 역할을 하기도 합니다.

🧩 단어연결법

"그녀는 책을 읽는 중이야."

🧩 동사ing 연결해 보기

- 나 울고 있는 아기 보는 중이야.
  I'm watching a crying baby.

- 그녀는 흥미로운 사람이야.
  She is interesting.

- 그는 여기로 오고 있어요.
  He is coming here.

💡 Check Point!

'~하고 있는데' 현재 진행형 기억하시나요? 거기서 'be + -ing' 형태로 단어를 연결하여 현재 진행 중인 상황을 설명했어요. 거기서 나왔던 '-ing'가 지금 우리가 다루고 있는 '움직이는 -ing' 현재분사입니다. 현재분사는 '진행, 능동'의 의미를 담고 있어요. 그래서 'She is interesting.'에서도 그녀가 다른 사람에게 '흥미로운' 감정을 주기 때문에 '움직이는 -ing'로 표현합니다.

🔍 단어연결법 **적용 문장** 살펴보기

단어연결법을 적용한 문장들을 큰소리로 연습해 보세요.

- 나 농담에 웃었잖아.
  I was laughing at a funny joke.

- 나 저쪽에 서 있는 남자 봤어.
  I see a standing man over there.

- 너 농담에 웃었잖아.
  You were laughing at a funny joke.

- 너 저쪽에 서 있는 남자 봤구나.
  You see a standing man over there.

- 그는 농담에 웃었어.
  He was laughing at a funny joke.

- 그녀는 저쪽에 서 있는 남자 봐.
  She sees a standing man over there.

- 그들은 농담에 웃었잖아.
  They were laughing at a funny joke.

- 우리 저쪽에 서 있는 남자 봐.
  We see a standing man over there.

- 아이들은 장난감을 가지고 노는 중이야.
  The kids are playing with their toys.

- 우리는 벽에 페인트칠하는 중이야.
  We're painting the walls.

🖋️💬 단어연결법 적용 문장 영작하기

단어연결법이 적용된 문장들을 1초 만에 **영어**로 바꿔 말해 보세요. (3회 반복)

나 농담에 웃었잖아. ☐ ☐ ☐

나 저쪽에 서 있는 남자 봤어. ☐ ☐ ☐

너 농담에 웃었잖아. ☐ ☐ ☐

너 저쪽에 서 있는 남자 봤구나. ☐ ☐ ☐

그는 농담에 웃었어. ☐ ☐ ☐

그녀는 저쪽에 서 있는 남자 봐. ☐ ☐ ☐

그들은 농담에 웃었잖아. ☐ ☐ ☐

우리 저쪽에 서 있는 남자 봐. ☐ ☐ ☐

아이들은 장난감을 가지고 노는 중이야. ☐ ☐ ☐

우리는 벽에 페인트칠하는 중이야. ☐ ☐ ☐

단어연결법이 적용된 문장들을 1초 만에 **한글**로 바꿔 말해 보세요. (3회 반복)

I was laughing at a funny joke. ☐ ☐ ☐

I see a standing man over there. ☐ ☐ ☐

You were laughing at a funny joke. ☐ ☐ ☐

You see a standing man over there. ☐ ☐ ☐

He was laughing at a funny joke. ☐ ☐ ☐

She sees a standing man over there. ☐ ☐ ☐

They were laughing at a funny joke. ☐ ☐ ☐

We see a standing man over there. ☐ ☐ ☐

The kids are playing with their toys. ☐ ☐ ☐

We're painting the walls. ☐ ☐ ☐

단어연결법 확장 문장 연습하기

배운 문장들을 좀 더 길게 확장해서 말하는 연습을 해봅시다.

- 그녀는 책상에 앉아서 매우 화가 난 상태로 자판을 치고 있어.
  She was sitting at her desk, typing furiously on her computer.

- 우리 여행지에서 입을 따뜻한 옷 충분히 가져가는 거지?
  Are we packing enough warm clothes for the trip?

- 케이크가 오븐에서 구워지고 있는데, 냄새가 환상이야!
  The cake is baking in the oven, and it smells heavenly!

- 이 도넛 너무 당긴다.
  These doughnuts are so tempting!

- 그들은 낡은 건물을 철거하는 중입니다.
  They are taking the old building down.

- 너 춤추는 여자 유튜브에서 봤어?
  Have you ever seen that Youtube dancing lady?

- 영화 너무 흥미로워서 우리를 계속 자리에 있게 해.

  The exciting movie kept us on the edge of our seats.

- 눈을 사로잡는 도시의 길거리 예술이 너무 멋져!
  - eye-catching 눈을 사로잡는 / stunning 멋진

  The eye-catching street art in the city is stunning!

- 그녀는 다음 회의 발표 자료 준비하고 있나요?

  Is she preparing a presentation for the upcoming meeting?

- 그녀는 일부러 그렇게 하는 거라고?

  She is doing that on purpose?

- 목소리 잘 들려.

  The audio is working.

- 제가 알아서 해요.

  I know what I'm doing.

 Check Point!

'Keep you on the edge of your seat'이라는 표현은 어떤 영화나 프로그램이 너무 재미있어서 의자 가장자리에 앉아서 계속 보고 있는 모습을 나타내는 것으로, 영화나 프로그램이 너무 재미있음을 표현하는 말입니다.

 small talk ❶

앞에서 학습한 내용을 기반으로 묻고 답해보는 연습을 통해 자연스럽게 말할 수 있을 때까지 반복 연습해 봅시다.

These doughnuts are so tempting!
이 도넛 너무 당긴다!

They really are. Let's have one while we're resting in the shade.
진짜. 그늘에서 쉬면서 우리 하나 먹자.

The audio is working.
목소리 잘 들려.

Oh, that's great! I noticed some voice distortion earlier.
좋아! 아까 목소리가 좀 끊겨서 나왔어.

What are they doing?
뭐 하는 중인 거야?

They are taking the old building down. They're going to build a new building.
낡은 건물 철거하는 중이래. 건물 새로 올릴 거래.

How was the movie?
영화 어땠어?

The exciting movie kept us on the edge of our seats.
영화 너무 재미있었어.

 small talk ❷

조금 더 실생활 대화를 살펴볼까요? 보면서 자연스럽게 말할 수 있을 때까지 반복 연습해 봅시다.

Do you need any assistance with this task?
이 일에 있어서 도움이 필요할까요?

No, thank you. I know what I'm doing.
아니요, 괜찮습니다. 제 일은 제가 알아서 할게요.

I got it. If you need any help, tell me anytime.
알겠어요. 만약 도움이 필요하면 언제든지 말씀하세요.

Is she preparing a presentation for the upcoming meeting?
그녀는 다음 회의 발표 자료 준비하고 있나요?

She seems a bit distracted.
약간 멍해진 거 같아요.

Maybe she just needs a moment to gather her thoughts.
그녀는 지금 생각을 정리할 시간이 필요해요.

Unit 30 되어지는 -ed

드디어 마지막 Unit입니다. 이전 Unit에서는 '움직이는 -ing'에 대해 이야기했다면 이번에는 **'되어지는 -ed'** 과거분사라 말하는 것에 관해 이야기해 볼까 합니다. 흔히 우리가 과거분사를 이야기하면 딱 떠오르는 것이 있으신가요? **과거분사 '-ed'는 '되어지는'**이라는 의미로 완료와 수동의 개념입니다. 그럼 조금 더 다양한 예문을 보며 어떻게 문장 안에서 **'되어지는 -ed'**가 연결되는지 살펴보기로 해요.

🧩 단어연결법

"나 지루해."

🧩 -ed 연결해 보기

• 나 피곤해.
I'm tired.

• 그녀는 신이 났어.
She's excited.

• 그는 놀랐어.
He's surprised.

💡 Check Point!

보통 감정을 표현할 때 '되어지는 -ed' 형태를 가장 많이 사용합니다. 피곤하고, 신이 나고 그리고 놀랍고 하는 등의 모든 감정은 외부의 어떤 요인으로 발생하기 때문에 '되어지는 -ed'를 가지고 감정을 표현할 때 사용하는 형태입니다. 그럼 반대로 상대방이 흥미로운 사람이면 어떻게 표현할까요? 예를 들어, '그녀는 흥미로운 사람이야'는 'She is interesting.'이라고 말하는 것처럼 상대의 성격이나 특징을 말할 때는 '움직이는 -ing'를 사용합니다.

🔍 단어연결법 적용 문장 살펴보기

단어연결법을 적용한 문장들을 큰소리로 연습해 보세요.

- 다가오는 휴일이 너무 기대된다.
  I'm excited about the upcoming holiday.

- 예상치 못한 소식에 깜짝 놀랐어.
  I was surprised by the unexpected news.

- 너 다가오는 휴일에 신이 났구나.
  You're excited about the upcoming holiday.

- 예상치 못한 소식에 놀라셨군요.
  You were surprised by the unexpected news.

- 그는 다가오는 휴일에 신이 나 있습니다.
  He's excited about the upcoming holiday.

- 그녀는 예상치 못한 소식에 깜짝 놀랐습니다.
  She was surprised by the unexpected news.

- 그들은 다가오는 휴일에 신이 나 있습니다.
  They're excited about the upcoming holiday.

- 예상치 못한 소식에 우리는 깜짝 놀랐습니다.
  We were surprised by the unexpected news.

- 다친 운동선수는 즉각적인 치료를 받았습니다.
  The injured athlete received immediate medical attention.

- 만족한 손님들은 그 식당의 음식을 칭찬했습니다.
  The satisfied customers praised the restaurant's food.

🖊️💬 단어연결법 적용 문장 영작하기

단어연결법이 적용된 문장들을 1초 만에 **영어**로 바꿔 말해 보세요. (3회 반복)

다가오는 휴일이 너무 기대된다. ☐ ☐ ☐

예상치 못한 소식에 깜짝 놀랐어. ☐ ☐ ☐

너 다가오는 휴일에 신이 났구나. ☐ ☐ ☐

예상치 못한 소식에 놀라셨군요. ☐ ☐ ☐

그는 다가오는 휴일에 신이 나 있습니다. ☐ ☐ ☐

그녀는 예상치 못한 소식에 깜짝 놀랐습니다. ☐ ☐ ☐

그들은 다가오는 휴일에 신이 나 있습니다. ☐ ☐ ☐

예상치 못한 소식에 우리는 깜짝 놀랐습니다. ☐ ☐ ☐

다친 운동선수는 즉각적인 치료를 받았습니다. ☐ ☐ ☐

만족한 손님들은 그 식당의 음식을 칭찬했습니다. ☐ ☐ ☐

단어연결법이 적용된 문장들을 1초 만에 **한글**로 바꿔 말해 보세요. (3회 반복)

I'm excited about the upcoming holiday.   □ □ □

I was surprised by the unexpected news.   □ □ □

You're excited about the upcoming holiday.   □ □ □

You were surprised by the unexpected news.   □ □ □

He's excited about the upcoming holiday.   □ □ □

She was surprised by the unexpected news.   □ □ □

They're excited about the upcoming holiday.   □ □ □

We were surprised by the unexpected news.   □ □ □

The injured athlete received immediate
medical attention.   □ □ □

The satisfied customers praised the
restaurant's food.   □ □ □

단어연결법 확장 문장 연습하기

배운 문장들을 좀 더 길게 확장해서 말하는 연습을 해봅시다.

- 폭풍으로 부서졌습니다.
  It was broken in the storm.

- 나는 지루해서 파티를 즐기지 못했습니다.
  I didn't enjoy the party because I was bored.

- 그녀는 일의 양에 벅참을 느꼈어.
  She felt overwhelmed by the amount of work.

- 남은 표 하나 내가 가져왔어.
  I got the only ticket left.

- 화요일까지 그 일이 끝나길 우린 바라요.
  We want the job finished by Tuesday.

- 그 집은 버려진 것처럼 보였어.
  The house looked abandoned.

- 나 그녀 창피해.

  I feel embarrassed for her.

- 그는 회사에서 잘렸어.

  He got fired from the company.

- 참교육 당했구나!

  You got schooled.

- 녹은 아이스크림이 끈적끈적 엉망이 되었어.

  The melted ice cream created a sticky mess.

- 그는 목표를 중요시하고, 팀워크를 잘합니다.

  He's a goal-oriented team player.

- 길을 헤메는 여행객이 길을 물었어.

  The confused tourists asked for directions.

 Check Point!

'되어지는 -ed'는 감정뿐만 아니라 어떤 상황의 완료 또는 되어지는 상태, 자신의 의지가 아닌 외부의 힘으로 어떤 상황에 놓이는 상황에서도 사용할 수 있습니다.

small talk ❶

앞에서 학습한 내용을 기반으로 묻고 답해보는 연습을 통해 자연스럽게 말할 수 있을 때까지 반복 연습해 봅시다.

I didn't enjoy the party because I was bored.
나 지겨워서 파티를 제대로 즐기지 못했어.

Really? What happened at the party that made it boring?
진짜? 파티에서 무슨 일이 있었길래 그런 거야?

We want the job finished by Tuesday.
우린 화요일까지 그 일이 끝나길 바라요.

Is that possible? What's the deadline for this project?
가능할까요? 이 프로젝트 마감일이 언제인가요?

What happened?
무슨 일이야?

The melted ice cream created a sticky mess.
아이스크림이 녹아서 완전 끈적끈적 엉망이 되었어.

You got schooled.
참교육 당했구나.

Stop bragging. You will be schooled one day.
잘난 척 하지 마. 언젠가 너도 완전히 깨질 거야.

small talk ❷

조금 더 실생활 대화를 살펴볼까요? 보면서 자연스럽게 말할 수 있을 때까지 반복 연습해 봅시다.

She felt overwhelmed by the amount of work.
걔 일의 양을 너무 벅차 했었어.

I can understand that. What kind of work was she dealing with?
그럴 거 같아. 무슨 일하고 있었던 거야?

She had a tight deadline and a heavy workload.
마감일도 타이트하고 업무량도 많고 그랬어.

He's a goal-oriented team player.
그는 목표를 중요시하고 팀워크도 좋아요.

That's great to hear. What kind of goals does he usually focus on?
좋네요. 평소에 그는 어떤 목표에 중점을 두나요?

He aims to increase productivity and achieve targets.
그는 생산성 향상과 목표 달성을 중점으로 두고 있습니다.

🎓 원어민 진짜 pattern ❼

'예전에 나 ~했어'라는 말 우리 일상에서 자주 쓰지 않나요? 영어로는 이렇게 표현할 수 있습니다. 바로 **'used to + 동사원형'**를 이용해서 표현할 수 있습니다.

 I noticed you're not doing Pilates anymore.
What happened?
너 더 이상 필라테스 안 한다며. 무슨 일이야?

Well, **used to do** Pilates every morning, but recently I've been too busy with work.
음, 예전에는 매일 아침 필라테스했는데, 최근에 일이 너무 바빠.

 I remember you were quite dedicated to it.
Do you miss it?
나 너가 그거 꽤 열심히 했던 거 기억해. 하고 싶지?

I do miss it, actually. It helped me stay fit and energized.
사실, 하고 싶지. 필라테스가 내 건강도 지켜주고 힘도 줬었거든.

나만의 영어 노트 만들기

2 Weeks Challenge

· 기초영어법 ·

핸드북

7 Weeks Challenge

· 기초영어 ·

핸드북

Unit I

영어 문장은 '주어 + 동사'로 시작, '주어 + 동사'로 끝난다

- 나 말해.
  I speak.
- 나는 들어.
  I listen.
- 너는 말해.
  You speak.
- 너는 들어.
  You listen.
- 그는 말해.
  He speaks.
- 그녀는 들어.
  She listens.
- 그들은 말해.
  They listen.
- 우리는 들어.
  We listen.
- 그 팀은 들어.
  The team listens.
- Andy는 춤춰.
  Andy dances.

- 폭풍으로 부서졌습니다.
  It was broken in the storm.
- 나는 지루해서 파티를 즐기지 못했습니다.
  I didn't enjoy the party because I was bored.
- 그녀는 일이 양에 벅참을 느꼈어.
  She felt overwhelmed by the amount of work.
- 남은 표 하나 내가 가져왔어.
  I got the only ticket left.
- 화요일까지 그 일이 끝나길 우린 바라요.
  We want the job finished by Tuesday.
- 그 집은 버려진 것처럼 보였어.
  The house looked abandoned.
- 나 그녀 창피해.
  I feel embarrassed for her.
- 그는 회사에서 잘렸어.
  He got fired from the company.
- 참교육 당했구나.
  You got schooled.
- 녹은 아이스크림이 끈적끈적 엉망이 되었어.
  The melted ice cream created a sticky mess.
- 그는 목표를 중요시하고, 팀워크를 중합합니다.
  He's a goal-oriented team player.
- 길을 헤매는 여행객이 길을 물었어.
  The confused tourists asked for directions.

Unit 30 또 이것은 ~ed

- 다가오는 휴일이 너무 기대돼.
  I'm excited about the upcoming holiday.

- 예상치 못한 소식에 깜짝 놀랐어.
  I was surprised by the unexpected news.

- 너 다가오는 휴일에 신이 났구나.
  You're excited about the upcoming holiday.

- 예상치 못한 소식에 놀랐군요.
  You were surprised by the unexpected news.

- 그는 다가오는 휴일에 신이 나 있습니다.
  He's excited about the upcoming holiday.

- 그녀는 예상치 못한 소식에 깜짝 놀랐습니다.
  She was surprised by the unexpected news.

- 그들은 다가오는 휴일에 신이 나 있습니다.
  They're excited about the upcoming holiday.

- 예상치 못한 소식에 우리는 깜짝 놀랐습니다.
  We were surprised by the unexpected news.

- 다친 운동선수는 즉각적인 치료를 받았습니다.
  The injured athlete received immediate medical attention.

- 만족한 손님들은 그 식당의 음식을 칭찬했습니다.
  The satisfied customers praised the restaurant's food.

- 나는 말하고 노래해.
  I speak and sing.

- 나는 노래하고 들어.
  I sing and listen.

- 너는 걷고 뛰어.
  You walk and run.

- 너는 만지고 느껴.
  You touch and feel.

- 그들은 만나서 얘기 해.
  They meet and talk.

- 우리는 일하고 먹어.
  We work and eat.

- 그녀는 보고 느껴.
  She sees and feels.

- 그녀는 생각하고 바뀌.
  She thinks and changes.

- 그는 배우고 일해.
  He learns and works.

- 그는 가서 봐.
  He goes and sees.

- 그들은 마시고 먹어.
  They drink and eat.

- 시원이는 사고 팔아.
  Siwon buys and sells.

Unit 2 무엇을 않는다

- 나는 책을 쓴다.
  I write a book.
- 나는 자동차를 산다.
  I buy a car.
- 너는 책을 쓴다.
  You write a book.
- 너는 자동차를 산다.
  You buy a car.
- 그는 책을 쓴다.
  He writes a book.
- 그녀는 자동차를 산다.
  She buys a car.
- 그들은 책을 쓴다.
  They write a book.
- 우리는 자동차를 산다.
  We buy a car.
- Lily는 James를 좋아한다.
  Lily likes James.
- 그 아이들은 책을 가지고 있다.
  Those children have books.

computer.

- 우리 여행지에서 입을 따뜻한 옷 충분히 가져가는 거지?
  Are we packing enough warm clothes for the trip?
- 케이크가 오븐에서 구워지고 있는데, 냄새가 환상적이야!
  The cake is baking in the oven, and it smells heavenly!
- 이 도넛 너무 당긴다!
  These doughnuts are so tempting!
- 그들은 낡은 건물을 철거하는 중입니다.
  They are taking the old building down.
- 너 춤추는 여자 유투브에서 봤어?
  Have you ever seen that Youtube dancing lady?
- 영화가 너무 흥미로워서 우리를 계속 자리에 있게 해.
  The exciting movie kept us on the edge of our seats.
- 눈을 사로잡는 도시의 길거리 예술이 너무 멋져!
  The eye-catching street art in the city is stunning!
- 그녀는 다음 회의 발표 자료 준비하고 있나요?
  Is she preparing a presentation for the upcoming meeting?
- 그녀는 일부러 그렇게 하는 거라고?
  She is doing that on purpose?
- 목소리 잘 들려.
  The audio is working.
- 제가 알아서 해요.
  I know what I'm doing.

Unit 29

움직이는 ~ing

- 나 농담에 웃었잖아.
  I was laughing at a funny joke.
- 나 저쪽에 서 있는 남자 봤어.
  I see a standing man over there.
- 너 농담에 웃었잖아.
  You were laughing at a funny joke.
- 너 저쪽에 서 있는 남자 봤구나.
  You see a standing man over there.
- 그는 농담에 웃었어.
  He was laughing at a funny joke.
- 그녀는 저쪽에 서 있는 남자 봤.
  She sees a standing man over there.
- 그들은 농담에 웃었잖아.
  They were laughing at a funny joke.
- 우리 저쪽에 서 있는 남자 봐.
  We see a standing man over there.
- 아이들은 장난감을 가지고 노는 중이야.
  The kids are playing with their toys.
- 우리는 벽에 페인트칠하는 중이야.
  We're painting the walls.
- 그녀는 책상에 앉아서 매우 화가 난 상태로 자판을 치고 있어.
  She was sitting at her desk, typing furiously on her

- 나를 내 차까지고 온다.
  I bring my car today.
- 그는 1주일에 한번 골프를 한다.
  He plays golf once a week.
- 우리는 꽃을 아주 많이 좋아한다.
  We like flowers very much.
- 안타깝게도, 그들은 돈을 필요로 한다.
  Unfortunately, they need money.
- 그들은 공원에서 그녀를 만나.
  They meet her at the park.
- 그는 매일 아침 빵을 굽는다.
  He bakes bread every morning.
- 나는 모든 이메일을 확인한다.
  I check out all the emails.
- 나는 완전히 그거 이해해.
  I totally understand it.
- 그녀는 맥주 한 잔 마셔.
  She drinks a cup of beer.
- 너의 손을 위로 들라.
  Put your hands up.
- 그는 우리에게 담요를 것구준다.
  He gets us some blankets.
- 그는 주로 점심으로 샌드위치를 먹어.
  He usually eats sandwich for lunch.

Unit 3 "아니요!"를 말하고 싶다

- 나시간이 없어.
  I don't have time.

- 너나안봤어.
  I don't see you.

- 시간이 없구나.
  You don't have time.

- 너나안봤다.
  You don't see me.

- 그도 시간이 없어.
  He doesn't have time.

- 그녀는 나를 보지 않아.
  She doesn't see me.

- 그들은 시간이 없어.
  They don't have time.

- 우리는 우리를 보지 않아.
  We don't see us.

- Sara는 그 사실을 알지 못한다.
  Sara doesn't know the facts.

- 그 식당은 아침을 제공하지 않아.
  The restaurant doesn't serve breakfast.

- 항상 집에만 있는 것에 지쳤어요.
  I'm tired of staying at home all the time.

- 그는 중요한 회의에 참석하지 않아서 후회합니다.
  He regrets not attending the important meeting.

- 네가 좋아하는 노래를 따라 부르는 것은 즐거울 수 있다.
  Singing along to your favorite songs can be fun.

- 회사까지 자전거로 가는 것은 돈을 절약하고 환경에도 좋습니다.
  Biking to work saves money and is good for the environment.

- 운전 좀 해주실래요?
  Do you mind driving?

- 오늘 아침 버스 놓친 것을 후회해.
  I regret missing the bus this morning.

- 우리는 주말에 일찍 일어나는 것에 익숙하지 않습니다.
  We're not used to waking up early on weekends.

- 그는 시끄러운 환경에서 일하는 것을 참을 수 없다.
  He can't stand working in a noisy environment.

- 이 지역에서 흡연을 자제해 주세요.
  Please refrain from smoking in this area.

- 계속 안 그래도 돼.
  You don't actually have to keep doing that.

- 옳은 일을 할 가치가 있어.
  It's worth doing the right thing.

Unit 28 나의 정체 숨기기

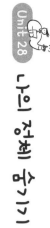

나는 쉴 때 소설 읽는 게 즐거.
I enjoy reading novels in my free time.

나의 꿈은 하와이에 가는 것이다.
My dream is going to Hawaii.

너는 쉴 때 소설 읽는 가 즐거하는구나.
You enjoy reading novels in your free time.

너의 꿈은 하와이에 가는 것이다.
Your dream is going to Hawaii.

그는 쉴 때 소설 읽는 거 즐거.
He enjoys reading novels in his free time.

그의 꿈은 하와이에 가는 것이다.
Her dream is going to Hawaii.

그들은 쉴 때 소설 읽는 거 즐거.
They enjoy reading novels in their free time.

우리의 꿈은 하와이에 가는 것이다.
Our dream is going to Hawaii.

열심히 공부하는 것이 성공의 열쇠야.
Studying diligently is key to success.

걱정한다고 상황이 나아지지 않는다.
Worrying won't make it better.

더운 날 아이스크림을 먹는 것은 기분 좋게 만들어 준다.
Eating ice cream on a hot day is refreshing.

우리는 시간이 있지만, 그녀가 시간이 없다.
We have time, but she doesn't have time.

그녀는 집에 가지고 있지만, 나는 집을 가지고 있지 않아.
She owns her house, but I don't own my house.

나는 그 사실을 알았지만, 넌 그 사실을 몰라.
I know the fact, but you don't know the fact.

나는 늦게 자지도 않고 일찍 일어나지도 않아.
You don't sleep late, and you don't wake up early.

그녀는 도움을 주지도 받지도 않아.
She doesn't give and take any help.

그는 그걸 원하지 않았고, 그도 그걸 원하지 않았다.
They don't want it, and he doesn't want it, too.

그는 빵을 빼기 위해 빵을 먹지 않아.
He doesn't eat bread to lose weight.

나는 변하지 않았고 어떤 것도 만들지 않았다.
I don't change and make anything.

그는 거기 가서 지하철 타지 않아.
He doesn't go there and take the subway.

그들은 돈을 받지도 저축하지도 않아.
They don't make money and save it.

좋은 생각이지만 내 생각은 좀 달라.
That's a good point, but I don't think so.

너는 출근도 안 하고 일도 열심히 안 해.
You don't go to work and work hard.

Unit 4

두음으로 만드는 의문문

- 나 버스 타?
  Do I take a bus?
- 나 그거 필요하지 않아?
  Don't I need it?
- 너 버스 타?
  Do you take a bus?
- 너 그거 필요하지 않아?
  Don't you need it?
- 그 버스 타?
  Does he take a bus?
- 그녀는 그거 필요하지 않아요?
  Doesn't she need it?
- 그들은 버스 타요?
  Do they take a bus?
- 우리 그거 필요하지 않아?
  Don't we need it?
- 그 회사는 어떤 투자를 가지고 있나요?
  Does the company have any investments?
- 그 극장은 옛날 영화 보여줘?
  Does the theater show classic films?

- 회의 일찍 나가려고 서두르셨던 거예요?
  Were you in a hurry to leave the meeting early?
- 저 뉴욕에서 그녀를 보기 위해서 왔어요.
  I came from New York to see her.
- 그들과 얘기할 행운을 얻었으니까요.
  We're lucky enough to be talking to them.
- 그는 그의 경력을 성공시키기 위해 열심히 일해.
  He works diligently so that he can achieve his career goals.
- 당신은 팀을 관리할 만한 충분한 자격이 있나요?
  Are you qualified enough to manage the team?
- 너무 피곤해서 외출 못 하겠어.
  I am too tired to go out.
- 나 여기에 살 만큼 세련되지 않아요.
  I may not be hip enough to live in here.
- 그는 그의 예의 없는 행동에 사과의 말을 하지 않았어.
  He didn't care to say sorry for his impolite actions.
- 교통이 너무 혼잡해서 그들이 제시간에 도착하기 어려웠다.
  The traffic was too crowded for them to reach on time.
- 그것을 알다니 너 똑똑해.
  You must be wise to know that.
- 걔 너무 바빠서 우리 못 만났다?
  Was he too busy to meet with us?

Unit 27 핵심 아이템 to ③

- 나 이겨서 너무 기뻤어.
  I was very glad to win.

- 나 제때 그 프로젝트를 끝내기 위해 열심히 일했어.
  I worked hard to finish the project on time.

- 너 이겨서 너무 기뻤어.
  You were very glad to win.

- 너 제때 그 프로젝트를 끝내기 위해 열심히 일했어.
  You worked hard to finish the project on time.

- 그는 이겨서 너무 기뻤어.
  He was very glad to win.

- 그녀는 제때 그 프로젝트를 끝내기 위해 열심히 일했어.
  She worked hard to finish the project on time.

- 그들은 이겨서 너무 기뻤어.
  They were very glad to win.

- 우리는 제때 그 프로젝트를 끝내기 위해 열심히 일했어.
  We worked hard to finish the project on time.

- 너 사실을 알게 되어서 놀랐어?
  Were you shocked to know the truth?

- 그는 운전하기에 나이가 어려.
  He's not old enough to drive a car.

- 나 그 책 다 읽을 시간이 충분하지 않았어.
  I didn't have enough time to finish reading the book.

- 너가 원하는 게 뭐야?
  What do you want?

- 어떻게 가?
  How do you go?

- 누가 영어 하지?
  Who speaks English?

- 그는 왜 우리에게 화를 내는 거지?
  Why does he get angry at us?

- 저 발표 언제 시작해요?
  When do I start my presentation?

- 우리 줄 어디에서 서요?
  Where do we get in line?

- 시럽 얼마나 원하세요?
  How much syrup do you want?

- 어떤 색이 마음에 들어?
  Which color do you like?

- 시간은 얼마나 걸려?
  How long does it take?

- 어떤 와인 원하시나요?
  Which wine do you want?

- 그녀는 누구의 생각을 지지하나요?
  Whose idea does she support?

- 의자 몇 개 필요하세요?
  How many chairs do you need?

Unit 5

영어 문장 의미를 풍부하게 도와주는 조동사

- 나는 그것을 그녀에게 줄 수 있어.
  I can give it to her.

- 나내일 파티에 참석할 거예요.
  I will attend the party tomorrow.

- 너내일 파티에 참석할 거야.
  You will attend the party tomorrow.

- 너회의 갈지도 몰라.
  You might come to the meeting.

- 그는 그것을 우리에게 줄 수 있어.
  He can give it to us.

- 그녀는 내일 파티에 참석할 거예요.
  She will attend the party tomorrow.

- 그는 과제 제출해야한 해.
  He must submit his assignment.

- 그들은 그것을 너에게 줄 수 있어.
  They can give it to you.

- 우리는 내일 파티에 참석할 거예요.
  We will attend the party tomorrow.

- 그들은 야채 먹어야 해.
  They should eat vegetables.

- 그는 휴가를 위해 예약한 비행기 표 있어.
  He has a plane ticket to book for his vacation.

- 설명할시간이 없어.
  No time to explain.

- 행동으로 옮길 때야.
  It's time to take action.

- 매니저님은 오늘 오후 참석해야 할 회의가 없습니다.
  The manager doesn't have a meeting to attend this afternoon.

- 전 일을 하러 여기 왔죠.
  I'm here because I have work to do.

- 뭐 좀 드실래요?
  Would you like something to eat?

- 나너에게 말할 것이 없어.
  I have nothing to say to you.

- 케이크를 굽기 위해 따를 레시피가 있나요?
  Are you having a recipe to follow for baking a cake?

- 같이 쇼핑할 사람 필요하면 전화해.
  Ring me if you want someone to go shopping with.

- 우리는 갈 길이 멀다.
  We have a long way to go.

- 너는 해야할 더 좋은 일들이 있잖아.
  You've got better things to do.

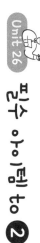

Unit 26 꿀수 아이템 to ②

- 나 공유할 장난감 있어.
I have a toy to share.

- 나 쓸 펜이 필요해.
I need a pen to write.

- 너는 공유할 장난감이 있다.
You have a toy to share.

- 나는 공유할 장난감이 있다.
You have a toy to share.

- 나는 쓸 펜이 필요하다.
You need a pen to write.

- 그는 공유할 장난감이 있어.
He has a toy to share.

- 그녀는 쓸 펜이 필요하다.
She needs a pen to write.

- 그들은 공유할 장난감이 있어.
They have a toy to share.

- 우리는 쓸 펜이 필요해.
We need a pen to write.

- 선생님은 배울 기회를 주셨다.
The teacher offered an opportunity to learn.

- 우리 더 중요한 일이 있잖아.
We have bigger fish to fry.

- 알 권리 있는 사람은 나야.
If anyone has a right to know, it's me.

- 그들은 토요일마다 방 청소를 해야만 한다.
They have to clean their rooms every Saturday.

- 내가 널 도와줄 수 있어.
I could help you.

- 도움이 필요해.
I could use some help.

- 그는 일 때문에 일찍 일어나야만 한다.
He has to wake up early for work.

- 우리 오늘 그 식물에 물을 줄 필요없어.
We don't have to water the plants today.

- 그거나 목 가라앉히는데 도움이 될 거야.
It might help soothe your throat.

- 우산 좀 빌려주실래요?
Could I borrow your umbrella?

- 우리랑 같이 저녁 먹을래요?
Would you like to join us for dinner?

- 내가 그 쇼 티켓 살 필요가 없나요?
Don't I have to buy a ticket for the show?

- 내일 비 올까?
It will rain tomorrow?

- 업그레이드 비용 추가로 지불해야 하나요?
Do I have to pay extra for the upgrade?

- 이 근처에 괜찮은 식당 추천해 주실래요?
Could you recommend a good restaurant in this area?

Unit 6 'not'을 이용한 풍부한 숙어라

- 나는 그것을 그녀에게 줄 수 없어.
  I can't give it to her.

- 나 내일 파티에 참석하지 못할 거예요.
  I won't attend the party tomorrow.

- 너 이 뚜껑 열면 안 돼.
  You shouldn't take this lid off.

- 너 그거 안 좋아할지도 몰라.
  You might not like it.

- 너 말해서는 안 돼.
  You must not speak.

- 그는 이 뚜껑 열면 안 돼.
  He shouldn't take this lid off.

- 그녀는 그거 안 좋아할지도 몰라.
  She might not like it.

- 그들은 그것을 너에게 줄 수 없어.
  They can't give it to you.

- 우리 내일 파티에 참석하지 못할 거예요.
  We won't attend the party tomorrow.

- 그들은 이 뚜껑 열면 안 돼.
  They shouldn't take this lid off.

- 나 차를 밖에 주차하고 들어갈 수 없어.
  I can't park my car outside and come in.

- 우리 집으로 놀러 올래?
  Do you want to come over and hang out at my house?

- 그녀는 고기를 먹지 않기로 결심했다.
  She decided not to eat meat.

- 목표는 매출 10% 증가를 달성하는 것입니다.
  The goal is to achieve a 10% increase in sales.

- 정말 다시 한번 더 시도해 보고 싶어요.
  I would really like to try again.

- 나는 독립적으로 일하는 것을 선호합니다.
  I prefer to work independently.

- 규칙적으로 운동하는 것이 중요합니다.
  It's important to exercise regularly.

- 효과적으로 의사소통하는 것이 중요합니다.
  It's important to communicate effectively.

- 더운 여름날 차가운 물 한 잔을 홀짝홀짝 마시면 상쾌합니다.
  It is refreshing to sip a cold glass of water on a hot summer day.

- 파티 후에 청소하는 것은 힘들다.
  It is hard to sweep up after party.

- 너의 꿈을 따르는 것이 중요하다.
  It is important to follow your dreams.

- 일소리가 여기 멀리까지 오는 데 오래 걸리네요.
  It takes a long time for the sound to get this far.

Unit 25   필수 아이템 to ❶

- 나 내년에 유학 계획하고 있어.
  I plan to study abroad next year.

- 나 기타 배우고 싶어.
  I want to learn how to play the guitar.

- 너 내년에 유학 계획하고 있어.
  You plan to study abroad next year.

- 너 기타 배우고 싶어 해.
  You want to learn how to play the guitar.

- 나는 내년에 유학을 계획하고 있어.
  I want to learn how to play the guitar.

- 나는 기타 배우고 싶어.
  You want to learn how to play the guitar.

- 그녀는 기타를 배우고 싶어 해.
  She wants to learn how to play the guitar.

- 그녀는 내년에 유학을 계획하고 있어.
  He plans to study abroad next year.

- 그는 내년에 유학을 계획하고 있어.
  He plans to study abroad next year.

- 그들은 내년에 유학을 계획하고 있어.
  They plan to study abroad next year.

- 우리는 기타를 배우고 싶어 해.
  We want to learn how to play the guitar.

- 그 팀은 새로운 제품 출시를 의도하고 있습니다.
  The team intends to launch a new product.

- 무슨 파스타 먹고 싶어?
  What pasta do you want to eat?

- 그들은 짐을 싸서 대피하기로 결정했어요.
  They decided to pack up and evacuate.

- 너 그걸 좋아하지 않을 수도 있어.
  You might not like it.

- 결정을 내리기 전에 모든 선택사항을 고려해 봐야 하지 않을까?
  Shouldn't we consider all the options before making a decision?

- 나는 너 없이 아무것도 할 수 없어.
  I can't do anything without you.

- 우리는 유통기한 지난 요거트 먹는 것을 추천하지 않습니다.
  I wouldn't recommend eating the expired yogurt.

- 딱히 뭐라고 말 못 하겠어.
  I can't put my finger on it.

- 이 구역에서 금연을 피우면 안 됩니다.
  You must not smoke in this area.

- 그들은 경고 표지를 무시하지 않는 것이 좋아.
  They shouldn't ignore the warning signs.

- 지금은 마음을 놓을 여유가 없어요.
  I can't afford to relax right now.

- 그녀는 똑똑한 것 같지만 눈치가 없어.
  She seems smart but she can't take a hint.

- 그는 사과할 필요 없다.
  He doesn't have to apologize.

- 우리 이거 하면 안 된다.
  We must not do this.

Unit 7 영어의 절반, be동사 파헤치기

- 나는 회계사야.
  I'm an accountant.
- 나는 프로그래머가 아니야.
  I'm not a programmer.
- 너는 회계사야.
  You're an accountant.
- 너는 프로그래머가 아니야.
  You're not a programmer.
- 그는 회계사야.
  He is an accountant.
- 그녀는 프로그래머가 아닙니다.
  She isn't a programmer.
- 그들은 회계사입니다.
  They're accountants.
- 우리는 프로그래머가 아닙니다.
  We aren't programmers.
- 그 고양이는 내 애완동물이야.
  The cat is my pet.
- 이것들은 그들의 장식품이야.
  These are their accessories.
- 나이는 숫자에 불과합니다.
  Age is nothing but a number.

- 해는 7시에 집니다.
  The sun sets at 7 PM.
- 4월에 비와요.
  It rains in April.
- 나 7월에 파리로 여행 갈 계획이야.
  I'm planning a trip to Paris in July.
- 12월에는, 낮이 점점 짧아지기 시작합니다.
  In December, the days start getting shorter.
- 우리 기념일은 5월 10일에 있어.
  Our anniversary falls on May 10th.
- 40세가 되는 시점까지, 나 마라톤 뛰고 싶어.
  By the time I turn 40, I want to run a marathon.
- 회의는 수요일 3시로 예정되어 있습니다.
  The meeting is set for 3:00 PM on Wednesday.
- 나 한 달 후에 여행에서 돌아올 거예요.
  I'll be back from my trip in a month.
- 그는 내일 6시에 그 장소에 도착할 거예요.
  He'll arrive at the place at 6 PM tomorrow.

Unit 24 시간 흐름 속에

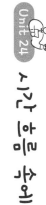

- 나는 2009년에 졸업했어요.
  I graduated in 2009.

- 나는 매일 아침 9시에 회사 도착해.
  I arrive at work at 9 AM every day.

- 너 금요일에 시험이 있구나.
  You'll have a test on Friday.

- 너 다음 달까지 그 프로젝트를 끝낼 거구나.
  You'll complete the project by next month.

- 그는 금요일에 시험 봐.
  He'll have a test on Friday.

- 그녀는 다음 달까지 그 프로젝트를 끝낼 거야.
  She'll complete the project by next month.

- 그들은 2009년에 졸업했어요.
  They graduated in 2009.

- 우리는 매일 아침 9시에 회사에 도착해.
  We arrive at work at 9 AM every day.

- 나 곧 돌아올게.
  I'll be back in a minute.

- 그 행사는 7월 10일에 진행합니다.
  The event takes place on July 10th.

- 나 5시 30분까지 거기 있을 거야.
  I'll be there by 5:30 PM.

- 운전이 바가지야.
  It is just a cash grab.

- 당신이 진정한 챔피언입니다.
  You're the true champion.

- 그녀는 베스트 드라이버이고 절대 제한속도를 넘기지 않아.
  She is the best driver, and she doesn't ever exceed the speed limit.

- 그 값이면 거저나 마찬가지지.
  It's a steal at that price.

- 나 먹는 거에 진심이잖아.
  I'm a foodie.

- 우리 집 근처에 예쁜 공원이 있어.
  There is a beautiful park near my house.

- 메뉴에 채식 선택지가 있나요?
  Are there any vegetarian options on the menu?

- 이번 주말에 재미있는 행사가 있나요?
  Are there any interesting events happening this weekend?

- 호텔에 빈방 있습니까?
  Are there any vacant rooms in the hotel?

- 맑은 하늘에 구름 한 점 없다.
  There isn't a single cloud in the clear sky.

- 밖에 서 있는 택시가 없어.
  There aren't any taxis waiting outside.

Unit 8 Do 라인 동사

- 나 정원에서 식물에게 물을 줘.
I water the plants in the garden.

- 나 그거 다시 해야 해요.
I need to do it over.

- 나 정원에서 식물에게 물을 줘.
You water the plants in the garden.

- 너 그거 다시 해야 해요.
You need to do it over.

- 그는 정원에서 식물에게 물을 줘.
He waters the plants in the garden.

- 그녀는 그거 다시 해야 해요.
She needs to do it over.

- 그들은 정원에서 식물에게 물을 줘.
They water plants in the garden.

- 우리는 그거 다시 해야 해요.
We need to do it over.

- 늘 있는 일이야.
It happens all the time.

- 잠수 좀 타지마, 제발.
Don't ghost me, please.

- 그는 항상 그의 부를 과시해.
He always shows off his wealth.

- 나 사진 수업 들어볼지 생각 중이야.
I'm considering taking a course in photography.

- 그녀는 항상 회사에서 미팅으로 바빠요.
She's always busy with meetings at the office.

- 나 미술관 벽에 걸린 아름다운 그림을 발견했어.
I found a beautiful painting on the wall of the art gallery.

- 고양이가 거실 소파 위에 웅크린 채 있어요.
The cat is curled up on the sofa in the living room.

- 우리는 호수 옆 작은 오두막에서 휴가를 보냈어.
We spent our vacation in a small cottage by the lake.

- 나 지금 마트에서 장 보는 중이야.
I'm currently shopping for groceries in the supermarket.

- 나 3시에 카페에서 너 만날 거야.
I'll meet you at the café at 3 PM.

- 내가 읽고 있는 책은 나이트 스탠드 위에 있어.
The book I'm reading is on the nightstand.

- 우리 비행기 연착으로 공항에서 기다렸어.
We waited at the airport for the delayed flight.

- 그는 계약 협상에 능숙합니다.
He's excellent at negotiating contracts.

- 우리 아침 9시 정각에 당신을 사무실에서 만날 거예요.
We'll meet you at the office at 9 AM sharp.

Unit 23 어느 곳에서

- 나 차 안에 있어.
I'm in the car.

- 나 식당에 있어.
I'm at the restaurant.

- 너 차 안에 있어.
You're in the car.

- 너 식당에 있어.
You're at the restaurant.

- 그녀는 차 안에 있어.
She's in the car.

- 그는 차 안에 있어.
He's in the car.

- 그녀는 식당에 있어.
She's at the restaurant.

- 그들은 차 안에 있어.
They're in the car.

- 우리는 식당에 있어.
We're at the restaurant.

- 그 양말은 서랍에 있어.
The socks are in the drawer.

- 고양이가 지붕 위에 있어.
The cat is on the roof.

- 내가 버스에 핸드폰을 두고 내렸다는 걸 믿을 수 없어.
I can't believe I left my phone on the bus.

- 그는 애완동물로 앵무새랑 햄스터가 있어.
He has a parrot and a hamster as pets.

- 변명하지 마.
Don't make excuses.

- 그녀는 스트레스 풀기 위해 음악을 들어.
She listens to music to relieve stress.

- 그것은 우리에게 많은 경고를 준다.
It gives us many warnings.

- 나 넷플릭스로 그 드라마 몰아서 보려고 해.
I will binge-watch that drama on Netflix.

- 쉬엄쉬엄해!
Take it easy!

- 다른 일정 있어?
Do you have any other schedules?

- (상황) 이해했어?
You get the picture?

- 나 이해가 안돼.
I don't get it.

- 그들은 이번이 처음이기 때문에, 그 모든 걸 알지 못해.
They don't know everything because it's their first time.

- 전화 끊지 마.
Don't hang up.

표현력 향상 반응 더하기

Unit 9

- 나 괜찮아.
  I'm good.

- 나 속상해.
  I'm upset.

- 너 괜찮아.
  You're good.

- 너 속상해.
  You're upset.

- 그는 괜찮아.
  He is good.

- 그녀는 속상해.
  She's upset.

- 그들은 괜찮아.
  They're good.

- 우리 속상해.
  We're upset.

- 내 핸드폰 꺼졌어.
  My phone is dead.

- 비가 부슬부슬 온다.
  It's drizzling.

- 그는 무슨 꿍꿍이지?
  What's he up to?

- 그는 그의 예술적 재능으로 유명하다.
  He is famous for his artistic talent.

- 그녀는 컨디션이 별로여서 파티에 올 수 없었다.
  She can't come to the party for her feeling well.

- 중요한 발표 준비됐니?
  Are you ready for the big presentation?

- 우유 좀 사다 줄래?
  Can you pick up some milk for me?

- 여기서 순서를 기다려 주세요.
  Please wait here for your turn.

- 이 케이크는 오늘 저녁 디저트용입니다.
  The cake is for dessert tonight.

- 그 차는 수리 때문에 차고에 있어.
  The car is in the garage for repairs.

- 점심 먹게 나 현금 좀 빌려줄래?
  Can you loan me some cash for lunch?

- 콘서트 티켓은 온라인에서 판매합니다.
  The concert tickets are for sale online.

- 사전에 워크숍 등록해 주세요.
  Register for the workshop in advance.

- 그는 이해심 있는 성격으로 알려져 있어.
  He's known for his generosity.

- 그 가게는 리모델링 때문에 닫았어.
  The store is closed for renovations.

Unit 22

for 넌 누구니!?

- 나 오늘 저녁으로 파스타 준비했어요.
  I prepared pasta for dinner tonight.

- 나 아이스크림 당겨.
  I have a craving for ice cream.

- 너 오늘 저녁으로 파스타 준비했구나.
  You prepared pasta for dinner tonight.

- 너 아이스크림이 당기는군.
  You have a craving for ice cream.

- 그녀는 오늘 저녁으로 파스타 준비했었다.
  She prepared pasta for dinner tonight.

- 그녀는 아이스크림이 당기는군.
  He has a craving for ice cream.

- 우리는 오늘 저녁으로 파스타 준비했어요.
  We prepared pasta for dinner tonight.

- 그들은 오늘 저녁으로 파스타 준비했어요.
  They have a craving for ice cream.

- 그들은 아이스크림을 당겨해.
  They prepared pasta for dinner tonight.

- Lin은 항상 회의에 늦어.
  Lin is always late for her meeting.

- 그냥 그 일에 지원할까 봐요.
  Maybe I should apply for that job.

- 날씨가 하루아침에 바뀌었다.
  The weather is topsy-turvy.

- 맛이 천상 맛이야.
  The taste is out of this world.

- 이 카페 인스타 각이다.
  This café is very Instagrammable.

- 그녀는 파리에 푹 빠졌다.
  She's high on Paris.

- 모든 것이 딱 좋아!
  Everything is peachy.

- 나 진짜 너무 바빠!
  I'm super swamped.

- 그녀 옷 진짜 잘 입어.
  Her outfit is so on point.

- 끝내준다!
  It's lit.

- 말도 안돼!
  This is outrageous.

- 그는 최고야!
  He is top-notch.

- 그럴게 하자.
  That's fine by me.

Unit 10 I'm here, and you're there.

- 나 너 근처에 있어.
  I'm near you.

- 나 체육관에 있어.
  I'm in the gym.

- 너 그녀 근처에 있어.
  You're near her.

- 너 체육관에 있어.
  You're in the gym.

- 그는 우리 근처에 있어.
  He's near us.

- 그녀는 체육관에 있어.
  She's in the gym.

- 그들은 우리 근처에 있어.
  They're near us.

- 우리는 체육관에 있어.
  We're in the gym.

- Eddie 거의 다 왔어.
  Eddie is almost there.

- Ellen은 가는 중이야.
  Ellen is on her way.

- 눈 깜짝할 사이에 지나갔다.
  It went by in the blink of an eye.

- 나 며칠 정도 동네를 빠져나가 있어야 할 것 같아.
  I gotta get out of town for a few days.

- 주요 업데이트 사항 때문에 제 동료에게 이메일을 작성했어요.
  I have written emails to my colleagues for important updates.

- 무말하면 일 이프지.
  That was the point of the story.

- 나 운동하러고 헬스장으로 가고 있어.
  I'm heading to the gym to work out.

- 그들은 글로벌 프로젝트 때문에 해외 협력사와 협업한다.
  They collaborate with international partners for global projects.

- 나 정신이 팔렸어.
  I lost sight of myself.

- 그는 신선한 빵을 사기 위해 빵집으로 걸어가는 중이야.
  He's walking to the bakery to buy fresh bread.

- 엘리베이터 고장 났어.
  The elevator's out of order.

- 그는 폭력적인 영화는 보지 않아요.
  He doesn't watch movies with violence.

- 시간 가는 줄 몰랐어.
  I lost track of time.

20

45

Unit 21

나의 위치는 바로 여기

- 나 내 운동 친구와 헬스장 갔었어.
  I went to the gym with my workout buddy.
- 난 내 삶의 주체가 될 거야.
  I should take control of my life.
- 너 내 운동 친구와 헬스장 갔었다.
  You went to the gym with my workout buddy.
- 넌 네 삶의 주체가 되렴.
  You should take control of your life.
- 그는 내 운동 친구와 헬스장 갔었다.
  He went to the gym with my workout buddy.
- 그는 그녀 삶의 주체가 되어야 해.
  She should take control of her life.
- 그들은 내 운동 친구와 헬스장 갔었다.
  They went to the gym with my workout buddy.
- 우리는 우리 삶의 주체가 되어야 해.
  We should take control of our life.
- Hitchcock에게 그걸 주지마요.
  Don't give it to Hitchcock.
- 뉴욕 경찰은 그를 살인죄로 기소하고 있다.
  NYPD is charging him with murder.
- 나랑 같이 가자.
  Come with me.

- TV 리모컨이 팔이 닿는 소파 위에 있어.
  The TV remote is on the couch within arm's reach.
- 공원은 길 건너편에 있어.
  The park is across the street.
- 너 아직도 회사야?
  Are you still at work?
- 매장에서 드실 거예요, 아님 포장이세요?
  Is that for here or to go?
- 다녀왔어요.
  I'm home.
- 이곳은 뉴욕의 중심입니다.
  It's in the heart of New York.
- 나 10열 중앙에 있어.
  I'm in the center of row 10.
- (어찌할지) 고민 중이야.
  I'm on the fence.
- 바로 코앞에 있어.
  It's just around the corner.
- 찾기 쉬운 곳에 있지 않아.
  It's not in the usual place.
- 외진 곳에 있어.
  It's in the middle of nowhere.
- 박물관은 길 끝에 있다.
  The museum is at the end of the street.

Unit II will과 행용사의 인내

시계 알람이 아침 6시로 설정되었어.
The alarm clock was set for 6:00 AM.

오늘은 아무것도 하기 싫어.
I can't be bothered to do anything today.

침구류가 깔끔하게 정돈되었다.
The beds were made neatly.

우리는 시간이 촉박해요.
We are pressed for time.

이 편은 시원스쿨에서 후원받았습니다.
This episode is sponsored by Siwon School.

토스트가 실수로 탔어요.
The toast was burnt by mistake.

피자는 30분 이내에 배달되었다.
The pizza was delivered in under 30 minutes.

그는 하루 종일 갇혀 있어.
He's cooped up all day.

그 길은 건설 작업 때문에 통제된다.
The rad was blocked due to construction work.

그녀는 일이 너무 많아요.
She's swamped with work.

모든 손님이 그 파티를 즐겼다.
The party was enjoyed by all guests.

나중에 제가 답변드릴 이메일됩니다.
The email will be replied to by me later.

나 조금 더 조심해야 해.
I should be more careful.

나 견뎌야만 해.
I must be patient.

너 늦을 거 같아.
You might be late.

너 견뎌야만 해.
You must be patient.

그는 늦을 거야.
He might be late.

그녀는 조금 더 조심해야 해.
She should be more careful.

그들은 조금 늦을 거야.
They might be late.

우리는 조금 더 조심해야만 해.
We should be more careful.

엄터리 제보인 거 같아요.
The tip might be bogus.

내 방문은 항상 열려 있을 거야.
My door will be always open.

Unit 20 마리오네트 수동 표현

- 그 공은 내가 찼다.
  The ball was kicked by me.
- 그 개는 제게 입양되었습니다.
  The dog was adopted by me.
- 그 공은 내가 찼다.
  The ball was kicked by me.
- 그 개는 너가 입양했구나.
  The dog was adopted by you.
- 그 공은 네가 찼다.
  The ball was kicked by you.
- 그 개는 네가 입양했구나.
  The dog was adopted by you.
- 그 공은 그가 찼다.
  The ball was kicked by him.
- 그녀가 그 개를 입양했구나.
  The dog was adopted by her.
- 그 공은 네가 찼다.
  The ball was kicked by you.
- 그 개는 우리가 입양했다.
  The dog was adopted by us.
- 그 공은 우리가 찼다.
  The ball was kicked by us.
- 그 개는 우리가 입양했다.
  The dog was adopted by us.
- 저는 벌 받는 건가요?
  Are we being punished for something?
- 저희 아직 말할 준비가 안 됐으니까요.
  We weren't prepared to mention it yet.

- 이보다 더 좋을 순 없다.
  It couldn't be better than this.
- 받은 만큼 똑같이 돌려줄 거예요.
  It'll be tit for tat.
- 너 서두르지 않으면, 늦을 거 같은데.
  If you don't hurry, you might be late.
- 따뜻한 차가 위안이 될 거야.
  A warm cup of tea would be comforting.
- 그의 설명은 때때로 혼란스러워.
  His explanations can be confusing at times.
- 그 순간은 판도가 바뀌는 걸거야.
  The moment would be game-changing.
- 이번 주말까지 끝낼 수 있어요?
  Can it be done by this weekend?
- 그녀는 그 회의에 참석할 수 없을 것입니다.
  She won't be able to attend the meeting.
- 나 곧 돌아올게.
  I'll be right back.
- 다들 그렇게 말할 수 있어.
  That can be the prevailing opinion.
- 이거 대박일 거야.
  This would be legit.
- 그녀는 그녀 능력에 자신감을 가지는 것이 좋겠다.
  She should be confident in her abilities.

Unit 12 I'll be here, you'll be there.

- 나 내일 9시까지 사무실에 갈 수 있어.
  I can be at the office by 9 AM tomorrow.

- 나 8시까지 공항에 도착해야만 해.
  I must be at the airport by 8 AM.

- 너는 헬스장에서 운동하고 있어야 해.
  You should be at the gym working out right now.

- 너 8시까지 공항에 도착해야만 해.
  You must be at the airport by 8 AM.

- 그는 내일 아침 9시까지 사무실에 갈 수 있어.
  He can be at the office by 9 AM tomorrow.

- 그녀는 지금 헬스장에서 운동하고 있어야 해.
  She should be at the gym working out right now.

- 그들은 내일 9시까지 사무실에 갈 수 있어.
  They can be at the office by 9 AM tomorrow.

- 우리는 지금 헬스장에서 운동하고 있어야 해.
  We should be at the gym working out right now.

- 사무실은 거기 있을 거야.
  The office will be there.

- Ellen은 가는 중이어야 해.
  Ellen should be on her way.

- 그녀는 핸드폰을 집에 두고 왔음을 알았다.
  She realized she had left her phone at home.

- 그는 어려운 시험 전에 수 시간 동안 공부했어.
  He had studied for hours before taking a difficult exam.

- 파티가 끝날 때쯤, 그들은 수 시간 동안 이미 춤췄어.
  By the time the party ended, they had already danced for hours.

- 나 퇴근 전에 내 일 끝냈어.
  I had finished my work before leaving the office.

- 나 일 끝낸 후, 산책 했어.
  After I had finished my work, I went out for a walk.

- 나 지난주에 친구가 태국 음식 소개해 줄 때까지 먹어 본 적이 없었어.
  I never tasted Thai food until my friend introduced me to it last week.

- 그들은 파티 전에 서로 만난 적 없어.
  They hadn't met each other before the party.

- 그는 여러 해 동안 할아버지와 할머니를 방문하지 않았다.
  He hadn't visited his grandparents in years.

- 그녀는 회의 전에 일을 끝냈나요?
  Had she finished her work before the meeting?

- 그들은 최근 여행에 아시아에 간 적이 있나요?
  Had they ever been to Asia on their recent trip?

41

24

Unit 19 과거에도 순서가 있다

- 나 출근 전에 아침 먹었어.
  I had eaten breakfast before going to work.

- 내가 집에 지갑을 두고 왔다는 것을 깨달았어.
  I realized I had forgotten my wallet at home.

- 너 출근 전에 아침 먹었어.
  You had eaten breakfast before going to work.

- 너는 집에 지갑을 두고 왔다는 것을 깨달았다.
  You realized you had forgotten your wallet at home.

- 그는 출근 전에 아침 먹었어.
  He had eaten breakfast before going to work.

- 그는 집에 지갑을 두고 왔다는 것을 깨달았다.
  He had eaten breakfast before going to work.

- 그녀는 집에 지갑을 두고 왔다는 것을 깨달았다.
  She realized she had forgotten her wallet at home.

- 그들은 출근 전에 아침 먹었어.
  They had eaten breakfast before going to work.

- 우리는 집에 지갑을 두고 왔다는 것을 깨달았다.
  We realized we had forgotten our wallet at home.

- 영화 시작 전에, 나 이미 팝콘 샀어.
  Before the movie started, I had already bought popcorn.

- 내가 역에 도착했을 때쯤 지하철은 이미 떠났어.
  By the time I arrived at the station, the subway had already left.

- 만약 일을 일찍 끝내면 공원에 있을 수 있어.
  I can be in the park if I finish your work early.

- 나 최근 개봉한 영화 보러 영화관에 있을 거야.
  I will be at the movie theater for the latest film release.

- 회의는 5층 회의실에서 있을 수 있어요.
  The meeting can be at the conference room on the 5th floor.

- 소포는 우편함에 있을지도 몰라.
  The package may be in the mailbox.

- 우리 커피도 마시고 대화도 하려고 카페에 있을 거야.
  We may be at the café for coffee and conversation.

- 만약 오늘 박물관이 열린다면 우리 거기 있을 거야.
  We may be at the museum if it's open today.

- 나 오후에 정원에서 꽃 심을 듯.
  I might be in the garden planting flowers this afternoon.

- 나 비즈니스 회의 때문에 런던에 있을 수 있어.
  I could be in London for a business meeting.

- 너 연구 목적 때문에 도서관에 있어야 해.
  You should be in the library for research purposes.

- 음, 너는 병원 예약 때문에 거기 있어야만 해.
  You should be at the clinic for your doctor's appointment.

- 나 막 내가 좋아하는 시리즈 최신판 몰아서 봤어.
I've just binge-watched the latest season of my favorite series.

- 나 채식주의 식단 시도해 본 적 있어?
Have you ever tried a vegan diet?

- 그들은 함께 팟캐스트를 시작했어.
They've started a podcast together.

- 그녀는 이제 막 온라인 옷 쇼핑몰을 열었어.
She's just launched her own online clothing store.

- 귀여운 강아지 바이럴 영상 본 적 있어?
Have you seen the viral video about the cute dog?

- 그들은 아파트 전체 수리했어.
They've redecorated their entire apartment.

- 그는 요리에 관한 유튜브 채널을 시작했어.
He's started a YouTube channel about cooking.

- 새로운 음식 배달 앱 해봤어?
Have you tried any new food delivery apps?

- 나 아직 스카이다이빙 해 본 적 없어.
I haven't tried skydiving yet.

- 그는 몇 년 동안 폰 업그레이드하지 않았어.
He hasn't upgraded his phone for years.

- 그녀는 라떼 아트 기술을 완벽하게 만들었어.
She's perfected her latte art skills.

- 나 지역 동물 보호소에서 자원봉사를 했어.
I've volunteered at the local animal shelter.

- 나 카페에 있으려고 했는데, 오늘 문 닫았네.
I would be at the café, but it's closed today.

- 그들은 꽃 심으면서 정원에서 있을 거 같아.
They may be in the garden planting flowers.

Unit 18 푹! 해섰다

- 나 막 일어났어.
  I have just woken up.

- 나 많은 나라를 여행해 왔어.
  I have traveled to many countries.

- 너는 막 일어났다.
  You have just woken up.

- 너는 많은 나라를 여행해 왔다.
  You have traveled to many countries.

- 너는 막 일어났어.
  You have just woken up.

- 너는 많은 나라를 여행해 왔다.
  You have traveled to many countries.

- 그는 이제 막 일어났어.
  He has just woken up.

- 그녀는 많은 나라를 여행해 왔다.
  She has traveled to many countries.

- 그녀는 이제 막 일어났어.
  He has just woken up.

- 그들은 이제 막 일어났어.
  They have just woken up.

- 우리는 많은 나라를 여행해 왔어.
  We have traveled to many countries.

- Grace는 회사에서 정신없이 바빴어.
  Grace has just been swamped at work.

- 우리 딸은 5살 이후로 이 책을 좋아해 왔어.
  My daughter has loved this book since she was 5 years old.

Unit 13 지금 이 순간, 지금 여기

- 나 아침 먹는다.
  I eat breakfast in the morning.

- 나 시력 안 좋아.
  I have poor eyesight.

- 너 아침 먹어.
  You eat breakfast in the morning.

- 너 시력 안 좋아.
  You have poor eyesight.

- 너 아침 먹는다.
  You eat breakfast in the morning.

- 그는 아침 먹는다.
  He eats breakfast in the morning.

- 그녀는 시력 안 좋아.
  She has poor eyesight.

- 그들은 아침 먹는다.
  They eat breakfast in the morning.

- 우리 시력 안 좋아.
  We have poor eyesight.

- Wendy는 너에게 할 말이 있어.
  Wendy has to tell you.

- Yoon은 막 일어나려고 해.
  Yoon is about to wake up.

- 그들은 다른 도시로 이사할 계획인가요?
  Are they going to move to a different city?

- 저 이 사무실에서 일할 예정입니다.
  I'm going to be working in this office.

- 해는 항상 동쪽에서 뜬다.
  The sun always rises in the east.

- 나 항상 햇빛 아래에서 모자를 써.
  I always wear a hat in the sun.

- 그녀는 정기적으로 그녀의 블로그를 업데이트해.
  She regularly updates her blog.

- 그는 점심 먹고 보통 낮잠 자.
  He usually takes a nap after lunch.

- 석양은 해변가에서 언제나 아름답다.
  The sunset by the beach is always beautiful.

- 나 너 좋아해.
  I'm into you.

- 나 너무 가려워.
  I feel so itchy.

- 그는 거의 항상 모닝커피를 놓치지 않는다.
  He hardly ever misses his morning coffee.

- 그들은 매주 주말에 축구한다.
  They play football every weekend.

- 말이 쉽지.
  It's easier said than done.

- 그녀는 항상 다정해.
  She is always sweet.

- 해야할 게 너무 많아.
  I have a lot on my plate.

그들은 그들 뒷마당에 예쁜 정원 만들 거야.
They are going to plant a beautiful garden in their backyard.

재미있을 것 같은데.
It's not going to be fun.

이상하게 들릴 거예요.
This is going to sound strange.

나 살 뺄 거야.
I'm going to lose some weight.

10분 정도 걸리나는 거가요?
Is it going to take about 10 minutes?

지루하겠다.
This is going to be boring.

나 틀림없이 놀랄 거야.
I'm definitely going to be surprised.

나 이번 주말에 릴렉스 스파 데이로 나에게 선물 줄 거야.
I'm going to reward myself with a relaxing spa day this weekend.

이번 주말에 더울까?
Is it going to be hot this weekend?

나 예쁘게 몸매 만들 거야.
I'm going to get in shape.

올해 겨울에 산에 눈이 올까요?
Is it going to snow in the mountains this winter?

나 특별한 저녁 준비하는 중이 아니야.
I am not preparing a special dinner.

나 콘퍼런스 참석 중이야.
I am attending a conference.

너 특별한 저녁 준비하는 중이 아니야.
You are not preparing a special dinner.

너는 콘퍼런스 참석 중이야.
You are attending a conference.

그는 특별한 저녁 준비하는 중이 아니야.
He is not preparing a special dinner.

그녀는 콘퍼런스 참석 중이야.
She is attending a conference.

그들은 특별한 저녁 준비하는 중이 아니야.
They are not preparing a special dinner.

우리는 콘퍼런스 참석 중이야.
We are attending a conference.

그들은 그곳으로 걸어가고 있어.
They're walking towards there.

Jasmin이 날 따돌리고 있어.
Jasmin is icing me out.

저 이만 퇴근할게요.
I'm leaving for the day.

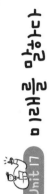

Unit 17 미래를 알한다

- 나 이번 주말에 할머니 보러 갈 거야.
  I'm going to visit my grandmother this weekend.

- 나 오늘 밤에 영화관에서 영화볼 거야.
  I'm going to watch a movie at the cinema tonight.

- 너 이번 주에 우리 할머니 보러 갈 거야.
  You're going to visit my grandmother this weekend.

- 나 오늘 밤에 영화관에서 영화볼 거야.
  You're going to watch a movie at the cinema tonight.

- 그는 이번 주에 우리 할머니 보러 갈 거야.
  He is going to visit my grandmother this weekend.

- 그녀는 오늘 밤에 영화관에서 영화볼 거야.
  She's going to start watch a movie at the cinema tonight.

- 그들은 이번 주에 우리 할머니 보러 갈 거야.
  They're going to visit my grandmother this weekend.

- 우리는 오늘 밤에 영화관에서 영화볼 거야.
  We're going to watch a movie at the cinema tonight.

- 오늘은 집에서 기만히 쉴까 해.
  I'm going to chill at home today.

- 어어아할 거예요.
  This is going to be amazing for you.

- 그는 헛다리 짚고 있어요.
  He's barking up the wrong tree.

- 나 집에서 그냥 쉬는 중이야.
  I'm just chilling at home.

- 너 내 말 듣고 있어?
  Are you listening to me?

- 그녀는 지금 뭐 하는 중인가요?
  What is she doing?

- 걔 지금 너에게 거짓말하고 있지 않아?
  Isn't he lying to you?

- 그녀는 왜 피를 흘리고 있어?
  Why is she bleeding?

- 나 너에게 그거 돌려주지 않을 거야.
  I am not giving it back to you.

- 어디가? 우리랑 있어.
  Where are you going? Stay with us.

- 나 퇴근하기 전에 이메일 확인하고 있어.
  I am checking my emails before I leave the office.

- 그는 일하는 동안 이어폰으로 음악을 들어.
  He is listening to music on his earphones while he works.

- 무슨 고민 있어?
  What's bothering you?

- 내가 너한테 전화했을 때 점심 먹는 중이었어?
  Were you eating lunch when I called you?
- 어젯밤에 개가 크게 짖었어?
  Was the dog barking loudly last night?
- 다 제치고 빈둥하게 쉬고 있었어.
  I was playing hooky with life.
- 그는 사고가 일어났을 때 운전하는 중이 아니었어.
  He wasn't driving the car when the accident happened.
- 그녀에게 작업을 걸고 있었어.
  She was hitting on you.
- 그들은 시험 때문에 함께 공부하는 중이었어?
  Were they studying together for the test?
- 영국에 얼마나 머물렀어?
  How long were you staying in the UK?
- 우리는 '거절'을 받아들이지 않았어요.
  We were not taking 'no' for an answer.
- 나 재택근무 중이었어요.
  I was working from home.
- 그녀는 몇 군데 살펴보는 중이었어.
  She was scoping out some location.
- 그는 잘 적응하는 중이었어.
  He was fitting right in.

Unit 15 행복하셨다

- 나 쇼핑몰에서 옛 친구 만났어.
  I met an old friend at the mall.
- 나 그녀의 생일에 케이크 구웠어.
  I baked a cake for her birthday.
- 너는 쇼핑몰에서 옛 친구 만났어.
  You met an old friend at the mall.
- 너 그녀의 생일에 케이크 구웠어.
  You baked a cake for her birthday.
- 그는 쇼핑몰에서 옛 친구를 만났어.
  He met an old friend at the mall.
- 그녀는 본인 생일에 케이크 구웠어.
  She baked a cake for her birthday.
- 그들은 쇼핑몰에서 옛 친구를 만났어.
  They met an old friend at the mall.
- 우리는 그녀의 생일에 케이크를 구웠어.
  We baked a cake for her birthday.
- Tim이 먼저 날 꼬셨어.
  Tim hit on me first.
- Tiffany는 완전 꿀잠 잤대.
  Tiffany slept like a baby.
- 그녀가 딱 한 달 전 내 연락 읽고 무시했어.
  She ghosted me a month ago.

Unit 16 뭐 하는 중이었어?

- 전기가 나갔을 때 TV 보는 중이었다.
  I was watching TV when the power went out.

- 나 오후 내내 도서관에서 공부하는 중이었어.
  I was studying at the library all afternoon.

- 너 전기 나갔을 때 TV 보는 중이었어.
  You were watching TV when the power went out.

- 너도 오후 내내 도서관에서 공부하는 중이었어.
  You were studying at the library all afternoon.

- 그도 전기 나갔을 때 TV 보는 중이었어.
  He was watching TV when the power went out.

- 그녀는 오후 내내 도서관에서 공부하는 중이었다.
  She was studying at the library all afternoon.

- 전기 나갔을 때 그들은 TV 보는 중이었어.
  They were watching TV when the power went out.

- 우리는 오후 내내 도서관에서 공부하는 중이었어.
  We were studying at the library all afternoon.

- Sam은 꾸벅꾸벅 졸고 있었어.
  Sam was dozing off.

- Tom은 그의 엄마를 안고 있었다.
  Tom was hugging his mom.

- 시끄러운 이웃 때문에 잠을 잘 수 없었어.
  I wasn't sleeping well because of the noisy neighbors.

- 모든 것이 내 상상에 불과했어.
  I made it all up in my head.

- 너 참교육 당했구나.
  You got schooled.

- 어제는 운이 좋지 않았어.
  Yesterday just wasn't my day.

- 그것 때문에 정말 긴장 많이 했어요.
  I was really on edge about it.

- 넌 망했어.
  You were screwed.

- 그들은 그 밴드의 팬이 아니기 때문에 그 콘서트 참석하지 않았어.
  They didn't attend the concert, as they were not fans of the band.

- 멍해졌어요.
  I zoned out.

- 나 중요한 뭔가 놓친 것 같았어.
  I missed a big something.

- Maria는 그녀의 가족 모임에서 요리하지 않았어.
  Maria didn't cook a meal for her family's gathering.

- John과 Emily는 지난달에 결혼했어?
  Did John and Emily get married last month?

- 우리 같은 편이었어.
  We were on the same side.